지식인마을03
공자 & 맹자

유학의 변신은
무죄

지식인마을 03 유학의 변신은 무죄
공자 & 맹자

저자_ 강신주

1판 1쇄 발행_ 2006. 11. 20.
2판 1쇄 인쇄_ 2013. 4. 11.
2판 5쇄 발행_ 2022. 9. 1.

발행처_ 김영사
발행인_ 고세규

등록번호_ 제406-2003-036호
등록일자_ 1979. 5. 17.

경기도 파주시 문발로 197(문발동) 우편번호 10881
마케팅부 031)955-3100, 편집부 031)955-3200, 팩스 031)955-3111

저작권자 ⓒ 2006 강신주
이 책의 저작권은 저자에게 있습니다. 서면에 의한 저자와 출판사의
허락 없이 내용의 일부를 인용하거나 발췌하는 것을 금합니다.

COPYRIGHTⓒ 2006 Shinjoo Kang
All rights reserved including the rights of reproduction in whole
or in part in any form. Printed in KOREA.

값은 뒤표지에 있습니다.
ISBN 978-89-349-2124-2 04150
     978-89-349-2136-3 (세트)

홈페이지_ www.gimmyoung.com   블로그_ blog.naver.com/gybook
인스타그램_ instagram.com/gimmyoung   이메일_ bestbook@gimmyoung.com

좋은 독자가 좋은 책을 만듭니다.
김영사는 독자 여러분의 의견에 항상 귀 기울이고 있습니다.

지식인마을03

공자 & 맹자
孔子 & 孟子
유학의 변신은 무죄

강신주 지음

김영사

Prologue 1 지식여행을 떠나며

자연에 대한 지식은 어떻게 생산될까?

    항상 책을 쓰고 나면 궁금해집니다. 이 책은 어느 분 손에 쥐어질지 말입니다. 무슨 이유로 제 책을 넘기고 계신가요? 공자와 맹자에 관심을 가지고 계신 분인가요? 아니면 저를 알고 계신 분인가요? 책을 쓴다는 것은 항상 매력적인 여인에게 말을 건네는 것 같은 설렘을 전해줍니다. 설렘이 가능한 것은 저의 말이 그녀를 기쁘게 할지, 혹은 기분을 상하게 할지, 제가 미리 예측할 수 없기 때문입니다. 저는 지금 설레는 마음으로 이 서문을 쓰고 있습니다. 사랑하는 여인에게 건네는 말이 제 의도대로 그녀를 기쁘게 할 수도 있고, 그렇지 않을 수도 있겠지요.

    그렇다면 저는 어떻게 하는 것이 가장 좋을까요? 그렇습니다. 정직이 최선의 방책이겠죠. 만약 정직하게 건넨 저의 말이 그녀의 마음을 상하게 한다면, 저는 그녀와 맞지 않은 사람인 것뿐입니다. 누군지 이 책을 읽고 계시는 고마운 분에게 제가 할 수 있는 유일한 말은 제가 보고 느꼈던 공자와 맹자를 최선을 다해 정직하게 풀어내려고 했다는 것입니다. 이 책을 조금 넘겨보신 분은 아시겠지만 저는 공자와 맹자를 조금의 결점도 없는 완벽한 인간이라고 보지 않습니다. 저는 종교인이 아니라 철학자이기 때문입니다. 그러나 아직도 우리에게 유학 사상은 '공자 왈', '맹자 왈'이라고 해서 마치 절대적인 규범이라도 되는 양 권위를 부리고 있습니다. 그래서 저의 이런 시선은 아마 몇몇 분들에게는 신성모독의 범죄를 저지르고 있는 것처럼 보일 수도 있을 것입니다.

하지만 저는 공자와 맹자로부터 읽어낸 그들 사유의 한계와 가능성을 있는 그대로 보여주려고 최선을 다했습니다. 제가 찾아낸 그들의 결점이 부당한 것이라면, 그리고 그것을 저에게 논리적으로 증명하실 수 있다면, 저는 제 의견을 수정하도록 하겠습니다. 바로 이것이 철학자의 의무이기 때문입니다. 제가 공자와 맹자와 씨름했듯이, 누군가 제 글과 씨름하는 것도 좋은 일입니다. 아! 물론 제가 가장 바라는 것은 이 글을 읽는 분이 저의 이야기에 고개를 끄덕여주는 것입니다. 그렇다면, 저는 얼마나 행복할까요?

강신주

Prologue 2 이 책을 읽기 전에

〈지식인마을〉시리즈는…

　〈지식인마을〉은 인문·사회·과학 분야에서 뛰어난 업적을 남긴 동서양 대표 지식인 100인의 사상을 독창적으로 엮은 통합적 지식교양서이다. 100명의 지식인이 한 마을에 살고 있다는 가정 하에 동서고금을 가로지르는 지식인들의 대립·계승·영향 관계를 일목요연하게 볼 수 있도록 구성했으며, 분야별·시대별로 4개의 거리를 구성하여 해당 분야에 대한 지식의 지평을 넓히는 데 도움이 되도록 했다.

〈지식인마을〉의 거리

플라톤가　플라톤, 공자, 뒤르켐, 프로이트 같이 모든 지식의 뿌리가 되는 대사상가들의 거리이다.

다윈가　고대 자연철학자들과 근대 생물학자들의 거리로, 모든 과학 사상이 시작된 곳이다.

촘스키가　촘스키, 벤야민, 하이데거, 푸코 등 현대사회를 살아가는 인간에 대한 새로운 시각을 제시한 지식인의 거리이다.

아인슈타인가　아인슈타인, 에디슨, 쿤, 포퍼 등 21세기를 과학의 세대로 만든 이들의 거리이다.

이 책의 구성은

　〈지식인마을〉 시리즈의 각 권은 인류 지성사를 이끌었던 위대한 질문을 중심으로 서로 대립하거나 영향을 미친 두 명의 지식인이 주인공으로 등장한다. 그리고 다음과 같은 구성 아래 그들의 치열한 논쟁을 폭넓고 깊이 있게 다룸으로써 더 많은 지식의 네트워크를 보여주고 있다.

초대 각 권마다 등장하는 두 명이 주인공이 보내는 초대장. 두 지식인의 사상적 배경과 책의 핵심 논제가 제시된다.
만남 독자들을 더욱 깊은 지식의 세계로 이끌고 갈 만남의 장. 두 주인공의 사상과 업적이 어떻게 이루어졌으며, 그들이 진정 하고 싶었던 말은 무엇이었는지 알아본다.
대화 시공을 초월한 지식인들의 가상대화. 사마천과 노자, 장자가 직접 인터뷰를 하고 부르디외와 함께 시위 현장에 나가기도 하면서, 치열한 고민의 과정을 직접 들어본다.
이슈 과거 지식인의 문제의식은 곧 현재의 이슈. 과거의 지식이 현재의 문제를 해결하는 데 어떻게 적용될 수 있는지 살펴본다.

이 시리즈에서 저자들이 펼쳐놓은 지식의 지형도는 대략적일 뿐이다. 〈지식인마을〉에서 위대한 지식인들을 만나, 그들과 대화하고, 오늘의 이슈에 대해 토론하며 새로운 지식의 지형도를 그려나가기를 바란다.

지식인마을 책임기획 장대익
서울대학교 자유전공학부 교수

Contents 이 책의 내용

Prologue 1 지식여행을 떠나며 · 4
Prologue 2 이 책을 읽기 전에 · 6

 초대
공자와 맹자 사상으로의 초대 · 12

 만남

1. 유학의 창시자, 공자 · 24
   천하의 도를 주례로 회복하자
   공자, 형벌을 버리고 예를 택하다
   군자의 덕으로 소인을 이끌다
   수치심의 정치학 | 예를 따르면 인에 이른다
   인보다 예가 우선이다

2. 공자보다 더 위대한 《논어》· 43
   모른다는 것을 아는 것 | 자기분열에 빠진 군자
   자신이 원하지 않는 것을 남에게도 행하지 말라
   여자와 소인에게 쩔쩔맨 공자 | 공자를 의심한 장자
   공자보다 위대한 《논어》

3. 유학 이론의 파수꾼, 맹자 · 61
   공자의 유학 사상을 구출하라
   인간의 본성은 선하다 | 네 가지 본성, 인의예지
   대인과 군자가 통치한다 | 맹자의 성선설은 타당한가?

4. 맹자 vs. 고자와 순자 · 82
   맹자의 목적론을 비판한 고자 | 인간 본성에 대한 논란
   순자, 성악설로 맹자에 맞서다 | 공권력과 규범을 대변한 순자

5. 신유학자 주희의 공맹 읽기 · 98
  불교와 투쟁한 신유학
  주희 철학의 핵심, 성즉리性卽理
  인간과 사물 안의 태극
  사물을 탐구하여 본성을 깨닫는 방법
  인으로 세계정신을 나타내다

6. 실학자 정약용의 공맹 읽기 · 119
  주자학을 비판한 정약용
  선한 마음에서 선한 행동으로
  인간의 본성에 자유의지를 도입하라
  선과 악의 기로에 서서
  실천의 윤리학으로

Chapter 3 대화
자신이 원하지 않는 것을 남에게도 행하지 말라 · 138
  공자와 맹자 그리고 장자의 가상 토론회

Chapter 4 이슈
호주제는 과연 평등한 제도인가? · 150
동양의 인성론은 정치와 어떤 관계에 있는가? · 157
강제된 도덕은 윤리적인가? · 166

Epilogue 1 지식인 지도 · 174   2 지식인 연보 · 176
  3 키워드 찾기 · 179   4 깊이 읽기 · 181
  5 찾아보기 · 183

孔子

Chapter 1

✉ 초대
INVITATION

孟子

초대

공자와 맹자 사상으로의 초대

가부장제의 상징, '호주제' 폐지

2005년 3월 2일 상징적인 사건이 일어났다. 호주제 폐지안이 국회 본회의를 통과한 것이다. 그러나 이틀 뒤 어느 남성에 의해 호주제 폐지가 우리나라의 미풍양속을 해친다는 취지의 헌법소원이 제기되었다. 호주제를 제거해야 할 '악습'으로 보는 입장과 지켜야 할 소중한 '미풍양속'으로 보는 입장이 충돌한 것이다.

호주제는 기본적으로 남성이 여성보다 우월하다는 인식을 제도화한 것이다. 예를 들어 한 가정이 나이 드신 할머니 1명, 시어머니 1명, 얼마 전에 남편을 잃은 며느리 1명, 갓 태어난 손자 1명으로 구성되어 있다고 해보자. 호주제에 따르면 이 가정의 대표자, 즉 호주戶主는 누구일까? 놀랍게도 갓 태어난 손자가 호주로서 이 가정을 대표하게 된다.

그 호주제가 이제 역사의 뒤안길로 사라지게 된 것이다. 하지만 아직도 우리 주변에는 호주제 폐지가 미풍양속을 해치는 것이라고 비난하는 사람들이 있다. 중요한 것은 호주제 폐지를 비난하는 사람들이 맹목적으로 이 상황을 싫어하는 것은 아니라는 점이다. 다시 말해 그들이 호주제 폐지를 비난하는 것에는 어떤 근거가 있다는 뜻이다. 그 근거란 과연 무엇일까?

그들은 호주제를 미풍양속이나 인륜人倫이라고 보는 근거로 유학儒學 사상을 제시한다. 이 유학 사상을 철학적으로, 그것도 최초로 체계화한 사상가들이 바로 중국의 공자孔子와 맹자孟子다. 그들의 가르침은 오늘날까지 흔히 공맹지도孔孟之道라고 불린다.

삼강오륜三綱五倫으로 대표되는 유학의 전통적 관습은, 2,000여 년 동안 공자와 맹자의 사상을 통해 당연하게 여겨져왔다. 삼강

뿌리 깊은 여성계의 숙원 해결, 양성평등의 실현

"이제 막 초등학교에 입학한 딸아이가 학교에서 친구들에게 따돌림을 당한다고 하더군요. 그 이유는 아버지와 성이 다르다는 것입니다. 딸아이가 어렸을 때 재혼을 했기 때문에 새아버지와 딸아이의 관계는 무척 좋은데 오히려 학교를 가면서 아이가 억울한 고통을 당하게 되었습니다. 호주제가 없었더라면……."

재혼한 한 여성의 한숨어린 하소연이다. 재혼 가정 아이들이 새아버지와 성이 달라 사회생활에서 고통을 겪는 일이 적지 않다. 이러한 여성들의 한숨을 걷어낼 그들의 오랜 숙원인 호주제가 드디어 폐지되었다.

2005년 3월 2일, 서울 여의도 국회의사당 본회의장에서 호주제 폐지를 골자로 한 민법 개정안이 국회 본회의에서 통과되었다. 찬성 161표, 반대 58표, 기권 16표로 호주제가 역사의 뒤안길로 사라지는 순간 방청석의 많은 여성들은 환호성과 박수를 보냈다. 그리고 3년 뒤인 2008년 1월 1일부터 호주제가 완전히 폐지되었다.

三綱이란 바로 '군주는 신하의 법칙이 되어야 한다'는 군위신강君爲臣綱, '아버지는 자식의 법칙이 되어야 한다'는 부위자강父爲子綱, '남편은 아내의 법칙이 되어야 한다'는 부위부강夫爲婦綱을 말하고 오륜은 '아버지와 아들 사이에는 친함이 있어야 한다'는 부자유친父子有親, '임금과 신하 사이에는 의리가 있어야 한다'는 군신유의君臣有義, '부부 사이에는 지켜야 할 분별이 있어야 한다'는 부부유별夫婦有別, '어른과 아이 사이에는 지켜야 할 차례가 있어야 한다'는 장유유서長幼有序, 그리고 '친구 사이에는 믿음이 있어야 한다'는 붕우유신朋友有信을 말한다. 우리는 이 삼강오륜을 통해 유학이 기본적으로 군주, 아버지, 남편 중심적인 사유 전통이었다는 것을 알 수 있다.

이제 이 책에서 호주제 폐지를 계기로 유학 전통을 철학적으로 뒷받침하고 있는 공자와 맹자의 사상에 대해 알아보도록 하자.

춘추시대의 공자, 전국시대의 맹자

기원전 11세기경 중국에서는 상商나라가 망하고 주周나라가 세워졌다. 주나라는 혈연에 기초를 둔 귀족 중심의 통치제도를 채택한다. 그러나 영원할 것 같았던 주나라도 뿌리부터 흔들리기 시작하면서 그 유명한 춘추시대春秋時代로 접어든다. 춘추시대는 혈연 중심적인 귀족 사회가 급격히 무너지고, 지식인[士] 중심의 새로운 중앙집권적인 관료제가 발생하던 시기였다.

특히 기원전 8세기 이후 과학 기술의 발달로 청동기에서 철제 문명기로 접어들면서 생산력이 빠르게 증가했다. 그 결과 낙후된 자연경제 상태에서 서로 고립되어 있던 제후국가들 간에 서서히 경제적 교류와 통합이 진행되었다. 새로 등장한 철제 농기구는 경작률을 근본적으로 향상시켜주었고 새로운 초지를 농지로 개간하는 일도 손쉬워졌다. 이에 따라 자연스럽게 관개수로의 설치와 개선이라는 농업생산에서의 일대 변혁이 이루어진다.

춘추시대의 사회적 발전과 변화 중 가장 중요한 것은 군주 중심의 중앙권력형 국가를 만들 수 있는 물질적 조건이 성숙되었다는 점이다. 그리고 이러한 물질적 조건을 토대로 많은 토지를 가진 지주들이나 자유농민들, 대상인 및 수공업자들이 출현하게 된다. 아울러 자신들의 권리와 의지를 독자적으로 펼치려는 수많은 지식인들이 나타난다. 이와 같은 춘추시대 당시의 사회적 변화는 크게 다음과 같은 두 가지 특징으로 정리될 수 있다.

- 춘추시대의 사회적 변화
1. 주례의 권위 약화
2. 새로운 법 제정

주나라의 전통적인 사회 규범으로서의 예禮, 즉 '주례周禮'의 권위가 크게 약화되면서 동시에 새로운 사회 규범으로서 중앙집권적인 법이 제정되고 규범이 강화되었다. 이로 인해 당시의 지식인들은 과거의 전통을 고집하고 새로운 질서를 경계하는 보수적인 입장과 옛날의 제도를 부정하고 혁신하려는 진보적인 입장으로 나뉘어 서로 대립할 수밖에 없었다.

전자가 바로 '유학 지식인들', 즉 유가儒家들이었다면, 후자는 바로 '관료 지식인들', 즉 법가法家들이었다.

공자孔子, BC 551~479는 춘추시대 말기에 활동했던 노魯나라의 유가 철학자였다. 노나라에서 태어난 그는 과거 송宋나라의 몰락한 귀족 출신이었던 숙량흘叔梁紇의 막내아들이었다. 공자 나이 16세 무렵 나이 어린 어머니 안顔씨 마저 세상을 떠났기 때문에 공자는 불우한 어린 시절을 보내게 된다. 이런 이유로 공자는 젊었을 때 창고 관리직이나 남의 가축을 돌보는 등 비천한 일을 했다고 전해진다.

하지만 그는 귀족들에게만 한정되었던 전통적인 교육인 예禮를 열심히 습득했다. 덕분에 노나라에서 예의범절과 규범에 능통한 사람이라는 명성을 얻게 된다. 그는 중년 이후에는 여러 명의 제자들을 거느리게 되었고 노나라에서 '사구 司寇'라는 직책도 맡게 된다. 공자는 벼슬살이에서 물러난 후 제자들과 더불어 주나라의 전통적인 경전을 정비하는 일에 남은 생을 바치는데, 이로 인해 마침내 유학 사상의 진정한 창시자로 추앙받게 된다.

공자는 춘추시대의 사회적 혼란과 갈등의 원인을 주나라의 전통 예절[周禮]이 파괴되어 인간과 인간을 올바르게 관계 맺게 해주는 사회적 규범이 없었기 때문이라고 생각했다. 따라서 공자의 평생 과제는 새롭게 나타난 지식인들에게 몰락해가는 주례를 열심히 학습하도록 하는 데 있었다. 그는 이를 통해 자신이 동경했던 주나라의 사회질서가 다시 복원될 수 있다고 믿었던 것이다.

이러한 공자의 사상은 《논어論語》라는 책을 통해 지금까지 전해지고 있다. 이 책은 공자 자신이 직접 지은 것이 아니라 많은

"주나라의 예[周禮]를 실천해야만 유학을 살릴 수 있소이다."

제자들이 그와의 문답을 모아 기록한 것이다. 그런데 흥미로운 것은 질문을 던지는 제자가 누구냐에 따라 공자가 대답을 달리하고 있다는 점이다. 때문에 《논어》를 그냥 읽기에는 별 어려움이 없지만, 공자의 사상을 체계적으로 정리하기는 쉽지 않다. 그러나 공자와 제자의 문답을 자세히 살펴보면 공자의 진정한 의도가 무엇이었는지 알게 될 것이다.

공자가 죽고 전국시대戰國時代에 들어서면서 상황은 급반전된다. 공자가 일생 동안 꿈꾸었던 이상은 많은 지식인들에게 조롱거리가 되었고, 마침내 유학 사상 전체가 흔들리는 상황에까지 이르렀다. 공자의 사상을 비판한 대표적인 사상가는 묵자墨子, BC 480~390와 양주楊朱, BC 440?~360?다. 그들은 공자의 보수적인 태도가 주나라 당시의 사회적 모순과 갈등을 되풀이할 뿐이라고 강력하게 비판했다. 상당수 지식인들이 묵자와 양주의 주장에 동의했고 이들의 사상이 점차 설득력을 얻게 되면서 전통적인 주례를 복원하고자 했던 공자의 사상은 거의 힘을 쓰지 못하게 된다.

이때 혜성처럼 나타난 유학의 옹호자가 바로 맹자孟子, BC 372?~289?였다. 그는 철학적으로 유학을 체계화했던 이론가이자 진정한 유학의 변호인이었다. 묵가와 양주 학파의 사상으로부터 유학 사상을 변호하려고 했던 그는 계속 힘을 얻어가고 있는 법가의 사상 경향, 즉 군주 권력의 절대화와 부국강병 노선도 견제하려고 했다. 맹자는 여러 제후국들을 수차례 방문하여 양梁나라 혜왕惠王, 등 나라 문공文公, 제齊나라 선왕宣王 등을 만났다. 그럴 때마다 맹자는 그들에게 상당한 대우를 받았지만 정작 어떤 군주도 그의 정책을 진지하게 수용하지는 않았다. 만년에 정계에서 물러난 맹자는 자기의 고향인 추鄒나라로 돌아와 제자들과 함께 철학적인 논의를 펼쳤는데, 이때 다룬 내용들이 바로 《맹자孟子》라는 책에 수록되어 오늘날까지 전해지고 있다.

공자 선생의 뜻을 따르지만, 인의예지(仁義禮智)란 본래 우리 마음에 있었던 것입니다.

유학의 변신에 주목하라

이 책은 크게 세 부분으로 구성되어 있다. 그 첫 번째가 공자 사상을 다룬 부분이다. 이 부분에서 우리는 먼저 공자의 사상이 예禮와 인仁이라는 두 가지 핵심 테마를 중심으로 전개되고 있음을 살펴보고, 공자가 타인과의 윤리적 관계를 위해 제안했던 원칙, 즉 '서恕'의 원리를 비판적으로 검토해볼 것이다. 공자는 제자들에게 '자신이 하고 싶은 것을 남이 먼저 하도록 해주는 윤리적 배려의 행동'을 일컫는 이 서恕의 원칙이 일생 동안 지켜야 할 중요한 덕목이라고 가르쳤다.

두 번째 부분은 맹자의 사상과 그 특징을 다루고 있다. 이 부분에서 우리는 성선설性善說로 유명한 맹자의 인간 본성론의 특징과 고자告子와 맹자 사이에 이루어졌던 몇 가지 열띤 논쟁을 살펴볼 것이다. 이 토론을 통해 당시 맹자에 도전했던 다른 학자들의 입장을 간접적으로 엿볼 수 있을 것이다. 또한 맹자의 후배라고 할 수 있는 순자荀子가 왜 그의 사상을 공격했는지에 대해서도 알 수 있을 것이며, 맹자 사상의 한계까지 이해할 수 있게 될 것이다.

주나라의 수립과 더불어 형성되었던 유학의 기초적인 전통과 권위는 주나라의 몰락과 함께 사회적으로 무시되었다. 인간관계를 조율하는 행위규범으로서의 역할을 할 수 없는 상태에 이른 것이다. 이때 공자가 나서서 예禮와 인仁의 사상을 근거로 주례의 정당성을 역설했다. 유학의 역사를 보면 공자야말로 의식적으로 유학을 드높이고 유학의 권위를 정당화한 최초의 인물이라고 할 수 있다. 하지만 유학의 변론자인 맹자에 이르면 유학의 성격이 급격히 달라진다. 맹자는 주나라의 외재적인 사회 규범을 의미했던 주례를 인간의 마음 깊은 곳에 이미 존재하는 본성[性]으로 간주했던 것이다.

우리는 흔히 공맹지도孔孟之道라고 해서 공자와 맹자의 사상을 동일시하고 있다. 그러나 공자와 맹자가 비록 같은 이상을 가지고 유학 사회의 부활을 꿈꾸었다 하더라도 자신의 주장을 내세우는 방식은 매우 달랐다. 공자는 교육을 통해 주례를 체계적으로 학습하고 자연스럽게 익힐 것을 권고했다. 모든 사람이 서恕의 정신을 발휘할 것을 기대한 것이다. 하지만 맹자에게 있어서

> 인(仁)이란 우리 마음을 넘어서 이 세계의 최고 원리가 되어야 합니다.

예는 결코 외부에 존재하는 학습 대상이 아니었으며 우리 마음의 본성에서 기원한 것이다. 즉 우리는 노력하지 않아도 선천적으로 '사양하는 마음[辭讓之心]'을 느낄 수 있는데, 이것은 예라는 덕목이 인간 본성에 내재해 있기 때문이다. 맹자는 바로 이런 방식으로 유학의 이론을 내재화하고 규정하기 시작했다.

마지막 세 번째 부분은 공자와 맹자의 사상을 계승한 성리학자 주희朱熹, 1130~1200와 조선시대 실학자 정약용丁若鏞, 1762~1836을 다루고 있다. 중국의 성리학은 공맹의 유학을 새롭게 가다듬는다는 의미에서 '신新유학'이라고 불리기도 하는데, 정약용은 이런 신유학적 사유마저도 결코 공자와 맹자의 사상을 제대로 이해한 것이 아니라고 비판했다. 수천 년 동안 이어져 내려온 유학의 역사에서 이름을 얻은 중국의 저명한 선배 학자들에게 과감히 도전장을 내민 것이다. 우리는 주희로 대표되는 새로운 유학자, 즉 성리학자들의 사유와 그에 대한 정약용의 비판을 살펴봄으로써 두 사람이 어떻게 공자와 맹자의 사상을 계승하고 발전시켰는지 알아볼 것이다.

유학은 위대한 학자 한두 사람에 의해 완결된 학문이 아니다. 수많은 학자들의 다양한 주장이 뒤섞여 하나의 거대한 화음을 만들어낸 것이기 때문이다. 따라서 우리는 유학을 발전시키고 변화시킨 몇몇 학자들을 함께 살펴보고 그들의 사상이 어떻게 조금씩 변모하고 있는지를 구분해봄으로써 유학의 다채로운 면모를 경험할 수 있을 것이다.

유학에서 가장 중요한 것은 원리가 아니라, 개인의 윤리적 결단과 책임이지요.

孔子

Chapter 2

만남
MEETING

孟子

만남 1

유학의 창시자, 공자

천하의 도를 주례로 회복하자

공자孔子, BC 551~479는 주나라가 유명무실해지고 제후국들이 패권을 다투던 시절인 춘추시대春秋時代를 '천하무도天下無道'라고 부르며 개탄했다. 천하무도, 즉 '하늘 아래 길이 없다'는 표현은 공자의 사상으로 들어갈 수 있는 좋은 푯말이다.

산에 오르면 보통 등산로가 나 있기 마련이다. 그 등산로를 벗어나지 않는다면 우리는 어렵지 않게 산 정상을 밟을 수 있다. 반면에 등산로를 벗어나면 우리는 산 정상은커녕 산속에서 길을 잃고 생명마저 위협받게 된다. 공자의 절박함을 이해하기 위해서 우리는 자신이 지금 등산로를 잃고 헤매는 등산객이라고 생각할 필요가 있다. 어떻게 하면 잃어버린 길을 다시 찾을 수 있을까? 새로 길을 만들어가야 하는가? 아니면 이미 만들어진 길을 조심스럽게 되찾아야 하는가?

여기서 공자는 후자의 방법을 선택한다. 다시 말해 그는 이미 앞사람들이 만들어놓은 등산로를 찾자는 입장을 택했다. 공자 이전의 주나라 사람들이 갔던 길, 그것이 바로 '주례周禮'다.

공자는 춘추시대의 무질서[亂]를 종식시키기 위해 '예禮'라는 전통적인 행위규범을 회복하자고 주장했던 사상가다. 공자의 진단에 따르면 당시 천하의 혼란은 인간이 예라는 길을 벗어났기 때문에 발생한 것이다. 공자는 자신의 확신을 다음과 같이 설명한 적이 있다.

> 세상이 잘 다스려졌을 때에 군자들은 능력을 숭상하며 아랫사람에게 양보하고 소인들은 농사일에 힘쓰며 윗사람을 섬겼다. 이 때문에 상·하 모두가 예를 잘 지켜서 악한 일을 하는 사람은 경멸을 받고 멀리 쫓겨났다. (……) 세상의 질서가 어지러워졌을 때에 군자들은 자신의 공적을 뽐내며 소인을 억압하고 소인들은 자신의 기술로 군자들에게 대항했다. 이 때문에 상·하 모두가 예를 지키지 않고 어지러움[難]과 학정[虐]이 동시에 생겨났다.
>
> 《좌전(左傳)》〈양공(襄公)·13년〉

주나라 시대에는 예라는 행위규범이 잘 지켜져 사회가 조화로운 질서를 유지하고 있었다. 반면에 공자가 살았던 춘추시대는 예라는 길에서 너무 멀리 벗어났기 때문에 갈등과 혼란이 발생했다는 말이다. 그렇다면 주나라 시대에 지켜졌던 예, 즉 주례는 어떤 식으로 실행되었는지 알아보자. 과연 주나라는 예라는 행위규범을 통해 조화로운 사회를 이룩했을까? 《예기禮記》에는 바로 이런 의문에 대답이 될 만한 흥미로운 구절이 등장한다.

예禮는 서민들에게까지 적용되지 않고,
형벌[刑]은 귀족들에게는 적용되지 않는다.

여기서 주목해야 할 것이 있다. 단순히 예만이 주나라의 사회질서를 유지하는 원리로 사용된 것이 아니라는 점이다. 형벌도 마찬가지의 원리로 사용되었다. 기본적으로 예가 지배귀족들의 위계질서를 유지하고 통치계급 내부의 분열을 막기 위해 적용된 것이라면, 형벌은 평민을 비롯한 피지배층을 통치하는 수단으로 사용되었던 것이다.

지배층은 피지배층들이 사회질서를 어지럽혔을 때 그들에게 잔혹한 육체적 형벌을 가했다. 《예기》에 따르면 피지배층들이 형벌을 받는 조항은 3,000가지 이상이나 되었다고 한다. 그 안에는 죄의 경중에 따라 얼굴에 문신을 새기는 것, 코를 자르는 것, 생식기를 잘라내는 것, 발뒤꿈치를 잘라내는 것, 사지를 찢어 죽이는 것 등이 포함되어 있다. 그렇다면 공자의 눈에는 문화와 문명의 상징으로 보였던 주나라의 형벌이 의외로 반문화적이고 반문명적이었다는 것을 알 수 있다.

:: 《예기》

《시경(詩經)》, 《서경(書經)》, 《주역(周易)》, 《춘추(春秋)》와 함께 유가 5경 중 하나. 주로 사회관계를 구성하고 유지하기 위한 이상적 방법론에 대해 서술하고 있는데, 군신, 부자, 부부 등 관계의 기본을 예라고 보았다. 후에 성리학의 창시자 주희가 《예기》 속의 《대학(大學)》, 《중용(中庸)》 편을 따로 분리해 《논어》, 《맹자》와 함께 4서(四書)로 삼았는데, 이 4서는 중국 유학의 입문서라 불린다.

반면에 예는 육체적 형벌과는 매우 달랐다. 지배귀족 내부에는 군주와 신하, 부모와 자식, 형과 동생 간의 위계와 서열이 있어서 이에 따라 의복, 음식, 거주, 상례, 결혼 등에 적용되는 예라는 행위규범이 다양하게 실행된 것이다. 흥미로운 것은 귀족이 예를 어겼을 때 받는 처벌은 단지 정신적 형벌에 불과했다는 점이다. 정신적 형벌은 말이 형벌이지 평판이 나빠진 데서 오는 수치심 정도였다. 한마디로 예를 어기는 경우 귀족에게는 처벌이랄 것도 없는 조치가 취해졌던 셈이다.

여기서 한 가지 의문이 든다. 귀족이 예를 어길 경우 주나라는 왜 육체적 형벌을 가하지 않고 훈계나 수치심이라는 정신적 처벌만을 시행했던 것일까? 그것은 지배층 자체가 하나의 '거대가족'이었기 때문에 가능했던 일이다. 이를 통해 우리는 주나라의 특징인 종법宗法 사회를 접할 수 있다. 종법 사회란 기본적으로 가족질서에 의해 국가질서가 유지되는 사회, 곧 '대종大宗'과 '소종小宗'이라는 복잡한 구조로 이루어진 사회를 말한다. 주나라는 천자天子에서부터 사士에 이르기까지 한 단계씩 아래로 분봉分封하는 방식으로 지배층이 구성되었다.

천자의 자리는 그의 맏아들이 계승하여 조상들에 대한 제사를 책임진다. 이 맏아들을 바로 대종이라 부른다. 반면 맏아들의 동생이나 계모의 형제들은 '제후諸侯'로 봉해진다. 이들이 바로 소종이다. 한 단계 밑으로 내려가면 제후 자리는 다시 그의 맏아들이 계승하는데, 이번에는 이 맏아들이 대종이 된다. 반면 제후 맏아들의 동생이나 계모의 형제들은 '경·대부卿·大夫'로 봉해졌는데, 이번에는 이들이 소종이 된다. 다시 한 단계 밑으로 가면 경

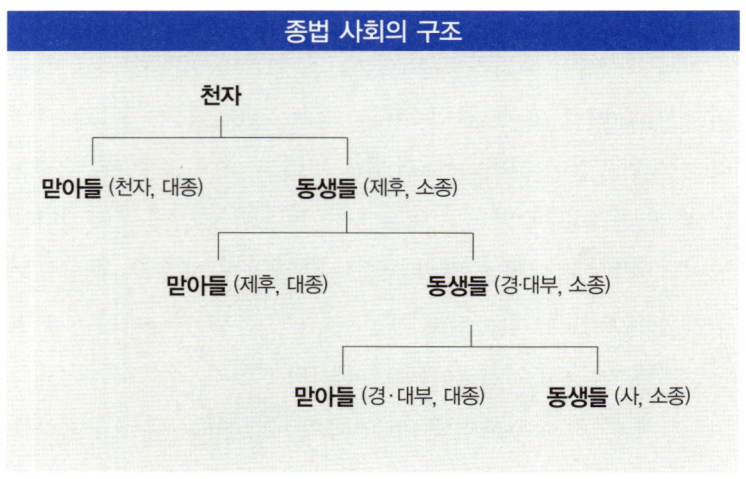

·대부의 지위는 그의 맏아들이 계승한다. 이번에는 이들이 대종이 된다. 경·대부의 맏아들의 동생이나 계모의 형제들은 '사士'로 봉해진다. 이번에는 이들이 소종이 되는 것이다. 결국 천자, 제후, 경·대부, 사로 피라미드 조직처럼 이어지는 주나라의 지배층은 사실상 하나의 거대한 가족이었던 셈이다. 예는 바로 이 거대 가족 사이의 행위규범이었고, 한 가족이기 때문에 지배층이 예를 어긴 경우 가혹한 육체적 형벌을 가할 수 없었던 것이다. 이러한 점에서 주나라는 국가질서의 근본을 가족질서에 두고 있었던 사회라고 말할 수 있다.

공자, 형벌을 버리고 예를 택하다

앞에서 살펴본 것처럼 공자는 예를 새롭게 회복해야 춘추시대의 혼란을 극복할 수 있다고 굳게 믿었다. 그렇다면 그는 결국 주나라가 질서 유지를 위해 사용했던 두 가지 수단인 '예'와 '형벌' 중에서 예만을 선택했던 셈이다. 그 결과 지배층 내부의 행위규범인 '예'는 전체 사회의 행위규범으로 확장될 수밖에 없었다.

여기서 간과해서는 안 되는 것이 있다. 누군가는 주나라 정치의 두 가지 수단 중 예가 아닌 형벌을 택했을 가능성도 존재한다는 사실이다. 이들이 바로 상앙商鞅, BC ?~338과 한비자韓非子, BC 280?~233로 대표되는 법가法家 사상가들이다. 우선 사회를 질서 있게 만드는 원리로 예를 보편화했던 공자의 입장부터 살펴보자.

> 섭공이 공자에게 말했다.
> "우리 마을에 몸가짐이 정직한 사람이 있는데, 그의 아버지가 양을 훔치자 자식이면서도 그것을 증언했습니다."
> 공자가 말했다.
> "우리 마을의 정직한 사람은 그와 다릅니다. 아버지는 자식을 위해 그런 일을 숨기고, 자식은 아버지를 위해 그런 일을 숨기지만, 정직함은 바로 그 속에 있습니다."
>
> 《논어》〈자로(子路)〉편

:: 상앙

중국 춘추전국시대 정치가. 본명은 공손앙. 전국시대 진나라를 중국 최초의 통일왕조 진으로 발전시켰다. 그는 강력한 권력만이 국가를 유지하는 기반이며, 권력이 유지되려면 군대와 식량이 뒷받침되어야 한다고 주장해 주나라 전통의 봉건제를 군현제로 개혁했다. 법가의 사상을 구체화하고 현실 정치에 도입한 인물로 유명하다.

분명히 공자는 양을 훔친 잘못보다는 효의 정신을 높이 사고 있다. 이것은 그가 국가의 법질서를 지키는 것보다 부모에 대한 효도를 더 강조한다는 것을 말해준다. 물론 그렇다고 공자가 법질서를 폐기해도 괜찮다고 생각한 것은 아니다. 그의 생각은 훨씬 더 깊다. 부모에 대한 자식의 효도와 자식에 대한 부모의 자애로움으로 표현되는 가족질서가 회복된다면, 가족 안의 어떤 구성원도 법질서를 어기는 죄를 저지르지 않을 것이라고 확신했던 것이다. 결국 공자는 가족질서로 대변되는 예만 회복한다면 가족 내의 문제뿐만 아니라 정치적인 문제들도 점차적으로 해결할 수 있다고 믿었던 셈이다. 이와는 달리 사회질서를 회복하는 수단으로 형벌만을 긍정했던 한비자는 공자와는 대립되는 입장을 보인다.

> 지금 여기에 재주없는 자식이 있다. 부모가 그에게 화를 내어도 고쳐지지 않고 마을 사람들이 나무라도 꿈쩍하지 않고 선생이 가르쳐도 변화되질 않는다. 부모의 사랑, 마을 사람의 품행, 선생의 지혜, 세 가지 좋은 것을 보태어도 그는 끝내 꿈쩍도 하지 않으니 그의 정강이 터럭 하나도 고쳐놓은 것이 없다. 지방 관청의 관리가 관병을 거느리고 공법公法을 근거로 나쁜 짓을 한 사람을 수색한 연후에야 그는 두려워서 뜻을 바꾸고 행실을 바꾸게 되었다. 따라서 부모의 사랑이 자식을 가르치기에 충분하지 못하고 반드시 지방 관청의 엄한 형벌을 기다려야 하는 것은, 백성들이란 진실로 사랑해 주면 교만해지고 위세에 눌려야만 말을 듣기 때문이다.
>
> 《한비자》〈오두(五蠹)〉편

공자와는 달리 한비자는 인간을 낙관적으로 보지 않았다. 어떤 사람이 가족질서를 회복했다고 해서 국가질서를 지키는 인간으로 변화되지는 않기 때문이다. 한비자는 가족질서를 지킨다는 명목으로 국가질서를 위험에 빠뜨린 경우에 주목하고 있다. 《한비자韓非子》에 등장하는 유명한 '창과 방패[矛盾]'도 바로 이런 의도에서 나온 것이다. 모든

■■ 《한비자》
전국시대 한나라 출신 사상가 한비자의 대표적 저서. 법가 사상의 정수를 드러내는 이 책에서 한비자는 가족윤리와 국가윤리의 차별성을 강조하고, 국가윤리의 핵심은 군주의 권력과 그 권력을 체계화한 법에 있다고 주장했다. 흥미로운 점은 한비자가 자신의 법가사상을 체계적으로 정당화하기 위해 《노자》의 형이상학을 도입했다는 것인데, 이로 인해 그는 《노자》에 대한 최초의 진지한 주석가라는 자리를 차지하게 되었다.

만남 · 31

것을 뚫을 수 있다는 창과 모든 것을 막을 수 있다는 방패를 팔고 있는 상인에게 누군가 묻는다.

"당신이 가진 창을 당신이 가진 방패에 던지면 어떻게 되나요?"

국가질서와 가족질서가 함께 존립하기 힘든 이유는 창과 방패처럼 서로 대립되고 모순되기 때문이다. 그래서 그는 육체적 형벌에 근거한 강한 공권력만이 사람들을 국가질서에 순응하도록 만들 수 있다고 주장했다. 《논어》의 구절을 빌리자면 '아버지가 양을 훔쳤을 때 그것을 고발하는 아들'이 많으면 많을수록 국가는 질서를 확보하게 되고, 반대로 '아버지의 범죄를 은폐하는 아들'이 많으면 많을수록 국가는 혼란에 빠질 수밖에 없다고 믿었기 때문이다.

군자의 덕으로 소인을 이끌다

주나라는 예와 형벌이란 차별적인 제도를 가지고 있었다. 이로 인해 예라는 원리만을 선택한 공자는 형벌이 지배했던 부분을 예로써 설명해야 하는 부담을 갖게 된다. 가혹한 육체적 형벌을 없앴을 때, 통치자들은 피통치자들을 어떻게 다스릴 수 있을까? 여기서 우리는 공자가 춘추시대의 무질서를 바로잡을 방법으로 제안했던 예의 기본적 성격에 주목해야 한다.

예는 지배층 내부의 행위규범이면서 동시에 정신적인 처벌과도 관련이 있었다. 공자에게도 기본적으로 예란 현재의 지배층이나 앞으로 지배층이 될 수 있는 사람들에게만 한정되는 행위규범이었다. 하지만 공자에 와서 달라진 점은 예의 적용 범위나 효력이 주나라 때보다 훨씬 더 확장되었다는 것이다. 다시 말해 주나라 때는 예가 통치계급 내부의 갈등과 대립을 조정하는 제한된 역할을 했던 반면 공자의 예는 피통치자들이 자발적으로 복종하게 하는 효과도 지닐 수 있게 된 것이다. 공자에 의해 새롭게 부각된 예의 정치적 효과를 우리는 수치심의 정치로 설명할 수 있을 것이다.

> 백성들을 '행정 명령[政]'을 통해서 지도하고 '형벌[刑]'을 통해서 강제하면 백성들은 형벌을 피하기 위해 죄만 짓지 않으려 할 뿐 진정으로 부끄러워하는 마음은 오히려 없게 된다. 그러나 백성들을 덕德으로 이끌고 예禮로 규율한다면 백성들은 부끄러워할 줄 아는 마음을 가질 뿐 아니라 진심으로 복종하게 된다.
>
> 《논어》〈위정(爲政)〉편

공자에게 있어 가족질서에서 '아버지와 자식[父子]'의 관계는 국가질서에서 '통치자와 피통치자[君臣]'의 관계와 동일한 구조를 갖는다. 자식이 잘못을 저질렀을 때 육체적인 체벌을 가함으로써 바로잡을 수 있을까? 공자에 따르면 이는 사후약방문死後藥方文에 불과하다. 그는 아버지가 평상시에 모범적으로 생활하면 자식이 아버지를 본받아 잘못을 저지르지 않을 것이라고 보았다. 국가에도 마찬가지 논리가 적용될 수 있다. 백성들이 죄를 짓기 전에 군주가 모범적으로 정치를 수행하면, 백성들은 자신들의 잘못을 처벌받기 전에 스스로 반성하고 부끄러워할 것이기 때문이다.

계강자季康子가 공자에게 정치에 대해 물었다.

"만약 무법자를 죽여 없애 백성들로 하여금 도道를 지키는 방향으로 나가게 한다면 어떻겠소?"

공자가 대답했다.

"당신은 정치를 하겠다면서 어찌 살인을 하려고 하십니까? 당신이 선을 원하면 백성들도 착하게 되는 것입니다. 군자의 덕은 바람과 같고 소인의 덕은 풀과 같은 것, 풀은 바람이 불면 반드시 바람에 쏠리어 따르게 마련입니다."

《논어》〈안연(顔淵)〉편

정치가인 계강자는 국가 공권력을 사용하여 '육체적 형벌(사형)'을 가하면 백성들이 죽음에 대한 공포 때문에 선해질 것이라고 생각했다. 그의 입장은 기본적으로 한비자의 법가法家 사상과 유사한데, 이와 달리 공자는 백성들 중에서 무법자가 발생하는 이유는 결국 통치자가 먼저 모범을 보이지 않았기 때문이라고 진단했다. 통치자[君子]가 자애로운 아버지처럼 피통치자들[小人]을 깨우쳐주면, 그들은 자식처럼 통치자에게 감화를 받을 것이라는 말이다.

서양이든 동양이든 전통 사회에서 공포심을 유발하기 위해 많은 형벌이 고안되었고 공개적으로 시행되었던 것이 사실이다. 동양에는 범죄자의 두 손과 두 발을 줄로 묶어 소나 말에게 연결한 뒤 그것들을 움직여 범죄자의 사지를 찢어 죽이는 '능지처참'이라는 형벌이 있었다. 또 서양에서는 '화형'이나 '참수형' 등이 오랫동안 시행되었다. 이렇게 공개 처형을 했던 이유는 피통치자들의 공포심을 극대화하여 국가질서를 유지하기 위함이었다.

반면에 공자가 2,000여 년 전 육체적 형벌을 반대하는 입장을 표명했던 것은, 얼핏 보면 진정한 휴머니즘에 입각한 것으로 보일 수도 있다. 그러나 우리는 공자가 피통치자들이 자발적으로 통치자의 명령에 따르도록 하는 이상적인 방식을 모색했던 인물임을 잊어서는 안 된다. 만약 그가 진정한 휴머니스트였다면 통치자와 피통치자, 즉 군자와 소인이라는 차별적 위계질서 자체를 문제 삼았을 것이다. 공자는 가장 효율적인 통치 방법과 신분 사회의 확고한 질서를 꿈꾸었던 사람이다.

안정되고 질서 잡힌 사회는 피통치자들이 '도덕적 수치심[恥]'을 가질 때에만 가능하다고 생각한 공자는 이를 위해 먼저 주례를 잘 지켜야 한다고 통치자에게 요청했던 것이다. 이 점에서 한비자와 공자의 정치 철학, 즉 '법에 의한 통치[法治]'와 '예에 의한 통치[禮治]'는 타율적 복종인가 아니면 자율적 복종인가 하는 차이점만을 가지고 있다고 할 수 있을 것이다.

수치심의 정치학

형벌에 의한 통치는 피통치자들에게 직접 벌을 가하는 것으로 이루어진다. 반면 공자가 권하는 예에 의한 통치는 수치심을 통한 반성 속에서 간접적이고 은밀하게 진행된다. 그러나 수치심을 유발하기 위해서는 통치자들의 엄격한 자기 수양과 실천이 먼저 이루어져 있어야 한다. 그럴 때에만 피통치자는 자신의 행동이 보잘것없다는 것을 자각하고, 통치자들을 떠받들 수 있기 때문이다.

예를 들어 아버지가 아침 일찍 일어나 집 안을 청소하는 경우를 생각해보자. 청소를 하면서도 아버지는 아들에게 애정이 가득한 눈빛으로 말한다. "내가 할 테니까 너는 더 자도 된다." 이때 아들은 어떤 반응을 보일 것인가? 일회적인 경우라면 분명 '더 자도 된다고 하셨으니 더 자야지'라고 생각하고 계속 잠을 잘 수도 있다. 그러나 아버지의 아침 청소가 매일 반복된다면 아들은 어떻게 행동할 것인가? 아들은 혼자만 편히 자는 것을 수치스럽게 여길 것이고, 급기야는 아버지보다 더 일찍 일어나 청소를 하게 될 것이다.

바로 이것이 공자가 꿈꾸던 예에 의한 통치, 즉 '수치심의 정치학'이 지닌 효과라고 할 수 있다. 통치자가 예를 실천하려는 것은 피통치자의 마음을 움직이기 위해서다. 이 경우 백성들을 움직이게 하는 것은 수치심일 수도 있고 통치자에 대한 감사의 마음일 수도 있다.

> 윗사람이 예를 좋아하면 백성들이 공경하지 않을 수 없고, 윗사람이 의를 잘 지키면 백성들도 복종하지 않을 수 없고, 윗사람이 신의를 잘 지키면 백성들이 진실하지 않을 수 없다. 이렇게 되면 사방의 백성들이 제 자식을 포대기에 싸서 업고 찾아올 것이다.
>
> 《논어》〈자로(子路)〉편

중요한 것은 통치자가 진심으로 예를 좋아하고 학습할 수만 있다면 피통치자들이 자발적으로 복종할 것이라는 공자의 확신이다. 공자는 형벌과는 구별되는 행위규범으로서의 예가 지닌 힘을 꿰뚫어보고 있었던 것이다. 아이에게 "오늘 옷을 단정하게 입지 않아 저녁 식사는 없다"고 명령하는 것이 형벌의 논리다. 반면에 아버지가 항상 옷을 단정하게 입기를 좋아한다면 아이가 저절로 옷을 단정하게 입게 된다는 것이 예의 논리다. 여기서 형벌과 예의 중요한 차이점이 나타난다. 즉 피통치자들에게만 적용되었던 형벌과는 달리 예는 통치자 자신에게 우선적으로 적용된다는 점이다. 다른 말로 표현하면 통치자는 형벌 위에 군림하지만 예는 통치자 위에 군림한다고도 말할 수 있다.

예禮를 따르면 인仁에 이른다

이제 '예'와 함께 공자 사상을 대표하는 인仁에 대해 알아볼 차례다. 공자의 핵심 개념인 인은 부처의 자비慈悲, karuna, 예수의 사랑love과 비교되면서 흔히 '사랑'이라고 번역되기도 한다. 그러나 과연 인은 사랑이란 용어로 번역 가능한 것일까?

먼저 예를 모르고서는 공자가 말한 인의 의미를 제대로 이해할 수 없다. 지금까지 예에 대해 길게 서술한 이유도 바로 그 때문이다. 예와 인의 밀접한 관계를 이해하기 위해 공자와 그의 수제자인 안연顔淵 사이에 이루어졌던 대화를 살펴보자.

안연이 인仁에 대해 물었다. 공자가 말했다.
"자기의 사사로운 욕심을 이겨 그 언어와 행동이 '예'에 합치되면 그

것이 곧 인이다. 하루라도 그렇게 한다면 온 세상이 인을 따르게 된다. 인을 실천하는 것은 자신에게 달린 것이지, 다른 사람에게 달린 것이 아니다!"

안연이 말했다.

"좀 더 상세한 실천 조목을 말씀해주십시오."

공자가 말했다.

"예가 아니면 보지 말며, 예가 아니면 듣지 말며, 예가 아니면 말하지 말며, 예가 아니면 행하지 말라."

안연이 말했다.

"제가 비록 어리석지만 이 말을 섬기겠습니다."

《논어》〈안연(顔淵)〉편

공자와 안연의 대화에서 극기복례克己復禮라는 유명한 말이 등장한다. '자신을 이겨서 예를 회복한다'는 이 말은, 결국 인간이 자신의 욕망을 절제하여 예에 따라 행동하게 되었다는 것을 의미한다. 이렇게 예에 따라 행동하는 주체의 모습을 공자는 인이라고 설명한다. 그렇다면 인한 사람이란 '예를 내면화해서 그것을 실천하는 사람'이라고 정의할 수 있을 것이다. 공자는 안연이 궁금해하는 인仁하게 되는 방법, 즉 '극기복례'의 구체적인 수양 방법을 다음과 같이 제시했다.

예가 아니면 보지 말며, 예가 아니면 듣지 말며,
예가 아니면 말하지 말며, 예가 아니면 행하지 말라.

이론적으로 학습한 주례에 입각해서 자신의 모든 생활을 영위해 나가면 어느 순간 주체 안에는 예가 하나의 초자아˙Superego처럼 자리 잡게 될 것이다. 주체는 이제 단순히 머리로만 예를 아는 것이 아니라 자신의 삶 자체를 예의 실현으로 알고 살아가게 된다. 결국 예는 하나의 공허한 형식이 아닌, 마치 살아 있는 것과 같은 존재가 된 것이다. 공자는 이렇듯 철저하게 예가 내면화된 주체를 '인仁한 사람'이라고 불렀다.

우리가 보통 사랑이라고 부르는 인이 차별과 제약이 전혀 없는 순수한 사랑이 아닌 이유도 바로 여기에 있다. 인한 사람은 예라는 행위규범을 내면의 초자아로 받아들인 사람이다. 무조건적으로 타인들을 사랑하는 사람이 아닌 것이다. 따라서 공자의 인은 예라는 행위규범에 입각한 윤리적 사랑으로 정의될 수 있을 것이다. 공자의 다음 말은 우리의 이런 해석에 힘을 실어준다.

> 오직 인한 사람만이 남을 좋아할 수도 있고, 남을 미워할 수도 있다.
>
> 《논어》〈이인(里仁)〉편

인한 사람은 남을 미워할 수 있다. 인한 사람이 남을 미워하게 된 이유는 무엇일까? 그것은 타인이 예에 맞지 않는 행동을 했기 때문이다.

:: 초자아

프로이트의 정신분석학에서 인간성을 이드(id, 본능) 에고(ego, 자아), 슈퍼에고(superego, 초자아)로 분류한 데서 나온 말로, 인간의 본능을 다스리고 사회적 관습과 금기를 학습해 만들어지는 '양심'과 '억제 체제'를 총괄적으로 가리킨다. 주로 초자아는 아버지의 권위를 내면화해서 만들어진다고 한다. 아버지를 일찍 여읜 공자는 아버지의 이미지를 대신하는 것으로 예를 내면화했다고 해석할 수도 있다. 이런 점에서 어린 시절 공자가 제사 도구들을 가지고 노는 것을 좋아했다는 일화는 무척 의미심장하다.

아마도 타인은 부모에게 불효했거나, 군주에게 불충했거나, 형제에게 공손하지 않았을 것이다. 결국 제2의 천성처럼 내면화된 예를 지니고 있는 인한 사람은 예에 맞게 행동하는 타인은 좋아하지만, 그렇지 않은 타인은 미워한다는 말이다.

인仁보다 예禮가 우선이다

흥미로운 것은 많은 학자들이 공자의 사상에서 예보다 인이 더 중요하다고 주장한다는 점이다. 그들에 따르면 공자는 보편적인 사랑으로서의 인을 주장했던 사상가로 부각된다. 그들의 주장에는 공자의 사상을 드높이려는 무의식적인 동기가 깔려 있다. 인이 아니라 예를 강조하게 되면 공자는 가부장적 종법제도를 맹신했던 낡은 사상가로 치부될 수 있기 때문이다. 공자를 사랑하는(?) 많은 학자들은 그 증거로 다음 구절을 즐겨 인용한다.

> 사람이면서도 인하지 못하면 예는 무슨 소용이 있으며, 사람이면서도 인하지 못하면 '악樂'은 무슨 소용이 있겠는가?
>
> 《논어》〈팔일(八佾)〉편

표면적으로 이 구절은 인간이 인하지 않다면 '예절[禮]'이나 '음악[樂]'은 어떤 의미도 가질 수 없음을 뜻한다. 인은 예절이나 음악보다 1차적일 뿐만 아니라 우선적이다. 하지만 우리는 이미 인을 실현하기 위해 반드시 예를 회복해야 한다는 공자의 주장을 살펴보았다. 그것은 기본적으로 예禮 개념에 1차적이고 우선적인 지위를 부여하는 것이다. 그렇다면 인과 예 중 어느 것이 우선인가?

이 물음이 철학적으로 중요한 이유는 공자 사상을 어떻게 이해하느냐 하는 쟁점과 관련되어 있기 때문이다. 다시 말해 예와 인 중에서 어느 것을 강조하느냐에 따라 공자 사상은 전혀 다른 모습으로 다가올 수 있다.

먼저 예를 강조한다면 공자의 인은 단지 예의 내면화에 불과하다. 이런 해석이 옳다면 공자의 사상은 주례에 기원을 둔 낡은 사유에 지나지 않는다. 반면 인을 강조할 경우 공자의 예는 인이라는 진실된 인간 감정의 외적인 형식 정도로 간주될 것이다. 이런 해석이 옳다면 공자 사상을 보편적인 인간 감정으로서의 인을 긍정했던, 여전히 의미 있는 철학으로 받아들일 수 있을 것이다. 어느 해석이 옳은지 알아보기 위해 우리는 《논어》를 살펴볼 필요가 있다. 《논어》의 전체 맥락을 보면 공자에게는 인보다 예가 더 우선적이었다는 것을 어렵지 않게 확인할 수 있다. 주례를 완성했다는 주공•周公에 대한 존경을 보더라도 공자 사상에서 예가 차지하는 중요성을 확인할 수 있다.

나는 아주 노쇠해졌는가 보다. 오랫동안 나는 주공을 꿈에서 다시 만나 뵙지

∷ 주공
기원전 12세기에 활동한 중국의 정치가. 성은 희(姬)이고 이름은 단(旦)이다. 주(周) 초기에 국가의 기반을 다진 인물로, 공자가 보는 위정가의 모델이었다. 주공은 주를 창건한 무왕(武王)의 동생으로 후에는 무왕의 아들 성왕(成王)을 보좌하며 주의 정치·사회 제도의 틀을 확고히 했다. 주공의 행정조직은 후대까지 중국 왕조의 모범이 되었다.

못하였다!

《논어》〈술이(述而)〉편

그렇다면 인을 강조하는 학자들이 즐겨 인용하는, '인간이 인하지 않다면 예절이나 음악은 어떤 의미도 가질 수 없다'는 구절을 어떻게 해석할 수 있을까? 이 구절을 자세히 읽어보면 두 주장이 결코 상충되지 않는다는 점을 알 수 있다. 앞에서 우리는 인한 사람이란 예라는 행위규범을 내면화해서 제2의 천성인 것처럼 실천하는 사람임을 살펴보았다. 그렇다면 방금 읽은 구절은 다음과 같이 해석될 수 있을 것이다.

> 인간이 예를 자발적으로(제2의 천성인 것처럼) 실천하지 않는다면, '예절'이나 '음악'이 아무리 격식에 어울린다고 할지라도 아무런 소용이 없다.

이와 같은 해석은 공자가 극기복례라고 말했을 때의 예와 "인하지 않으면 예가 무슨 소용이 있겠느냐"라고 반문했을 때의 예는 다른 것이라는 추측을 가능케 한다. 전자가 주례라는 행위규범을 나타내고 있다면, 후자는 공자 시대에 허례허식으로 관습처럼 시행되던 외적인 형식과 절차를 가리키기 때문이다.

만남 2

공자보다 더 위대한 《논어》

모른다는 것을 아는 것

철학자는 자신이 알고 있다고 생각하는 것이 진정으로 알고 있는 것인지를 반성할 수 있는 사람이다. 우리는 흔히 서양철학의 창시자로 플라톤Platon, BC 428?~347?의 스승 소크라테스Socrates, BC 470?~399를 지목하곤 한다. 서양 역사상 가장 포괄적이고 치열하게 자신의 앎에 대해 반성한 사람이기 때문이다.

플라톤의 《소크라테스의 변명Apologia Sokratous》은 소크라테스가 사형 선고를 받은 후 어떻게 자신을 변호했는지 기록하고 있다.

많은 사람들이 그 사람(당시 박식하기로 유명했던 어느 아테네의 정치가)을 지혜롭다고 생각하고 있고, 특히 스스로 누구보다도 가장 많이 그렇게 생각하고 있는 것 같습니다. 하지만 실은 그렇지 못하다고 나는 생각하게 되었습니다. 그래서 나는 그 자신이 지혜가 있는

듯이 믿고는 있지만, 실은 그렇지 않다는 것을 밝혀주려고 힘썼던 것입니다. 그러다 보니 나는 그에게서도, 거기 있던 많은 사람들에게서도 미움을 사게 되었습니다. 나는 그곳을 떠나면서 혼자 이렇게 생각했습니다. 그 사람보다는 내가 지혜가 있다고. 왜냐하면 그 사람도 나도 아름다움이나 선한 것에 관해서는 아무것도 모를 것이지만 그 사람은 모르면서도 무엇인가 아는 것처럼 생각하고 있고, 그와 반대로 나는 아무것도 모르는 까닭에 그대로 모른다고 생각하고 있기 때문입니다. 나는 모른다는 것을 모른다고 생각한다는 바로 그 조그만 관점에서, 그 사람보다는 내가 지혜가 있다고 생각했습니다.

앎에는 근거가 있는 앎이 있고, 전혀 근거가 없는 앎이 있다. 아테네 사람들이 지혜롭다고 인정했던 어느 정치가는 분명 많은 것을 알고 있었지만 자신이 아는 것이 제대로 된 앎인지 소크라테스에게 정당화할 수 없었던 인물이다. 그렇다면 아무리 풍성하다고 하더라도 그것은 근거가 없는 앎이다. 이와는 대조적으로 소크라테스는 자신이 비록 무지하다고 하더라도 그 사람보다는 더 지혜롭다고 생각했다. 자신이 지금까지 알고 있던 것에 근거가 없다는 점을 깨달았기 때문이다. 결국 "나는 안다"라고 말할 때 그 앎에 대한 타당한 근거를 제공하지 못한다면, 우리의 앎은 단순한 믿음에 불과한 것이다.

소크라테스의 경우처럼 철학자는 자신의 앎을 무조건 믿지 않고 정당성과 근거를 반성할 수 있는 사람이다. 이 점에서 공자는 중국을 포함한 동아시아 최초의 철학자로 불릴 만하다. 공자는 유由라는 이름의 제자 자로子路에게 다음과 같이 말한다.

유由야! 너에게 앎에 대해 가르쳐 주겠다. 아는 것을 안다고 하고 모르는 것을 모른다고 하는 그것이 앎[知]이다.

《논어》〈위정(爲政)〉편

'아는 것을 안다고 하고, 모르는 것을 모른다고 한다.'

이때 앞에 등장하는 '아는 것'과 '모르는 것'이라는 표현은 뒤에 등장하는 '안다'와 '모른다'는 표현과는 질적으로 다르다. 전자가 어떤 것을 알거나 모른다고 하는 단순한 '믿음'에 불과하다면, 후자는 '믿음'에 대해 엄격한 자기반성과 검토를 거친 최종적인 판단이기 때문이다.

소크라테스처럼 공자에게도 중요한 것은 바로 이런 철저한 자기반성의 정신이다. 자기반성을 거친다는 것은 가능한 여러 반론들로부터 자신의 앎을 정당화하는 것이다. 만약 정당화하지 못한다면 모른다고 인정해야만 한다.

물론 자기반성을 거치지 않은 앎과 자기반성을 거친 앎이 그 내용에 있어서는 동일할 수 있다. 하지만 후자의 앎은 주체 스스로에 의해 정당화된 것이다. 그러므로 주체는 정당성이 유지될 때까지 용기와 자신감을 갖고 그 앎을 다른 사람들에게 주장할 수 있을 것이다.

자기분열에 빠진 군자

그렇다면 공자는 모든 것을 철저한 자기반성이란 시험대에 올려놓았을까? 아쉽게도 그렇지 않다. 그 증거로 우리는 예가 지닌 신비한 힘에 대한 공자의 확신을 들 수 있다. 공자는 예를 매개로 통치자와 피통치자 사이에 조화로운 관계가 이루어질 수 있다고 주장했다. 그러나 공자는 통치계급에만 제한적으로 통용되던 주례를 전체 사회에 확장하려고 했을 뿐 그 자체가 과연 정당한지에 대해서는 철저하게 점검하지 않았다.

공자는 예 자체의 기원과 정당성을 묻기보다는 어떻게 하면 초자아로 내면화할 수 있을지를 고민했던 사람이다. 공자는 예를 내면화해서 예가 지닌 신비한 힘을 실현할 수 있는 사람을 '인한 사람[仁者]' 혹은 '군자'라고 불렀다. 결국 공자가 강조했던 인간의 자기반성은 예라는 최종적 잣대에 의해 자신의 앎과 삶을 평가하고 재단하는 것에 지나지 않았다. 공자의 다음 말은 이런 점을 잘 보여준다.

> 다 되었구나! 나는 아직 자기의 허물을 발견하고 '내면에서 자신을 재판하는[內自訟]' 사람을 보지 못하였다.
>
> 《논어》〈공야장(公冶長)〉편

여기서 중요한 것은 공자가 사용하고 있는 '재판[訟]'의 비유다. 이는 단순한 비유 이상의 의미를 함축하고 있다. 재판이란 용어는 공자의 자기반성이 어떤 구조로 어떻게 기능했는지를 상징적으로 보여주기 때문이다. 재판에는 반드시 범죄를 발견하고 신고하는 사람, 그리고 그것이 범죄인지를 판결하는 재판관이 존재한다. 공자는 이 모든 절차를 자아의 내면에 차려놓는다. 피고도, 검사도, 재판관도 자신이며 마지막으로 죄를 받는 것도 자신이다.

결국 '사법적 반성'이라고도 규정될 수 있는 공자의 자기반성에서 가장 중요한 것은 재판관이 수행하는 복잡한 기능이라고 할 수 있다. 어떤 행위가 범죄가 된다고 미리 규정하는 것도, 그것을 범죄로 다시 인정하는 것도, 그에 대해 책임을 물어야 하는 것도 모두 재판관의 임무이자 역할이기 때문이다. 바로 이 재판관이 우리가 주목해온 예禮다.

그런데 이 지점에서 이상하게 가치가 뒤바뀌는 현상이 발견된다. 주체가 어떤 결단을 통해 예를 바람직한 윤리규범이라고 평가했을 경우 진정한 주인은 주체 자신이었다. 그러나 주체가 '자신을 이겨 예를 회복해서 인한 사람', 즉 군자가 된 경우 내면화된 윤리규범으로서의 예가 주체를 감시하는 재판관이 된다. 이곳의 진정한 주인은 예라고 말할 수 있다.

여기서 놓쳐서는 안 되는 점이 있다. 예란 내면화된 어떤 무엇이지 결코 주체 자신은 아니라는 것이다. 그럼에도 불구하고 예의 지배를 받는다는 점에서 주체는 주체의 권리, 즉 주인의 권리를 예에게 양도하게 된 것이다. 만일 우리가 군자가 되었다고 해도 진정한 주체는 실존하는 '나'가 아니라, 내 안에서 나를 감시하고 기소하며 재판하는 예라고 말할 수 있을 것이다.

'자신을 이겨 예를 회복해서' 군자가 되자마자 우리는 피고인과 재판관이라는 자기분열에 빠지게 된다. 공자가 이상적인 인격이라고 주장하는 군자는 모든 것에 당당하며 일체의 두려움이 없는 존재처럼 보인다. 하지만 우리는 잊어서는 안 된다. 군자는 자신 안에 있는 재판관을 지극히 두려워하기 때문에 자기 밖에 존재하는 다른 어떤 것에 대해서도 두려워할 여유가 없다는 점을.

> 사마우司馬牛가 군자에 대하여 물었다. 공자가 말했다.
> "군자는 걱정하지도[憂] 않고, 두려워 하지도[懼] 않는다."
> 사마우가 다시 물었다.
> "걱정하지 않고 두려워하지도 않으면, 바로 그를 군자라 하겠습니까?"
> 공자가 말했다.
> "내면에서 반성해도[內省] 잘못이 없는데, 무엇을 걱정하고 무엇을 두려워 하겠느냐?"
>
> 《논어》〈안연(顔淵)〉편

공자는 제자 사마우의 질문에 '군자란 걱정하거나[憂] 두려워하지[懼] 않는 사람'이라고 대답한다. 얼핏 들으면 군자란 어떤 것에도 구속되지 않고, 항상 자신감과 용기를 내보이는 사람인 것처럼 보인다. 이 대답에 얽매이면 공자가 군자에 대해 말하고자 했던 진정한 의미를 놓칠 수 있으므로 우리는 다음과 같이 물어볼 필요가 있다.

'왜, 그리고 어떻게 군자는 걱정과 두려움이 없게 되었는가?'

공자는 마지막 구절에서 그 이유가 내면의 재판관이 자신을 예에 비추어볼 때 한 점 부끄러움도 없다고 판단했기 때문이라는 속마음을 내보인다.

> 자신이 원하지 않는 것을
> 남에게도 행하지 말라

우리는 공자의 자기반성이 결국은 일종의 유아론˙唯我論, Solipsism 을 낳는다는 점에 주목해야 한다. 여기에서 유아론은 단순히 '나만이 존재한다'는 식의 좁은 의미가 아니다. 그것은 '내가 내면화한 공동체의 행위규범이 유일한 행위규범이다'는 식의 보다 넓은 의미를 지니고 있다. 우리에게는 좁은 의미의 유아론보다 넓은 의미의 유아론이 더 중요하다. 그 이유는 후자의 유아론 속에는 자신이 믿는 행위규범을 공유하지 않는 다른 사람들에 대한 폭력과 억압이 들어 있기 때문이다.

예를 들어 서양인들이 우리나라 사람들이 개고기를 먹는 것을 야만적인 행위라고 보고 금지하려는 경우를 생각해보자. 문제는 그들의 마음속에 미개한 사람들을 깨우친다고 믿는 신념이 들어 있다는 점이다. 하지만 실제 상황은 어떠한가? 서양인들에게 '개'라는 동물이 '친구'를 의미한다면, 우리나라 사람들에게는 '소고기'와 다를 바 없는 '음식'을 의미한다. 이처럼 나와 다른 생각을 갖고 있다고 해서 일방적으로 자신의 문명 체계를 강요하는 것은 폭력에 지나지 않는다. 결국 '내가 가진 의미연관을 다른 사람도 따라야만 한다'는 식의 유아론은 표면적으로는 유아론이 아닌 것 같지만 실은 더

:: 유아론

사유의 주체가 사물이나 개념을 인식하는 데 있어 나 자신 외에는 어떤 것도 존재를 증명할 만한 기반이 없다고 여기는 사고방식을 의미한다. 하지만 유아론을 그렇게 엄격한 의미로 사용하는 일은 거의 없다. 넓은 의미의 유아론자들은 행동과 사고의 기준을 자신으로 보고, 자기식대로 타인과 일방적으로 관계를 맺는 행동양식을 보인다.

무서운 결과를 낳을 수밖에 없다.

 공자의 유아론이 문제가 되는 이유도 여기에 있다. 군자가 자신의 예禮를 다른 사람을 평가하는 기준으로 삼을 수 있기 때문이다. 따라서 우리는 많은 학자들이 공자의 철학적 공헌이라고 설명하는 '서恕'라는 행위원리를 다시 분석해볼 필요가 있다. 바로 그 안에 다른 사람들에 대한 폭력의 가능성이 숨어 있기 때문이다.

자공子貢이 물었다.
"평생의 지침이 될 만한 한 말씀이 있겠습니까?"
공자가 말했다.
"서恕일 것이다. 자신이 원하지 않는 것을 남에게도 행하지 말라[己所不欲, 勿施於人]!"

《논어》〈위령공(衛靈公)〉편

 자공이 평생 동안 따르고 행할 가르침을 청하자 공자는 서恕를 제안한다. 후대의 사람들은 서恕를 '같다[如]'와 '마음[心]'으로 나누어 설명하기도 한다. '타인의 마음을 나의 마음과 같다고 생각하는 것'이 서의 의미라는 것이다. 어쨌든 공자는 서를 '자신이 원하지 않는 것을 남에게도 행하지 말라'는 명령으로 표현한다.
 여기서 우리는 '자신이 원하지 않는 것[己所不欲]'이라는 표현에 주목해야 한다. 그 속에 공자가 강조하는 주체의 자기반성이 들어 있기 때문이다. 주체가 '자신이 원하는 것'이 무엇인지 반성하지 않는다면 이 표현은 아무런 의미가 없을 것이다. 바로 이

지점에서 우리는 공자를 오해할 수 있다. 왜냐하면 '자신이 원하지 않는 것을 남에게도 행하지 말라'는 공자의 서恕 원리가 모든 경우에 적용되는 윤리원칙이 될 수 있다고 믿을 수도 있기 때문이다.

주체가 자기반성을 통해 '자신이 원하지 않는 것'을 생각해냈다고 가정해보자. 주체는 사람들이 나에게 관심을 갖는 것을 원하지 않을 수도 있다. 이때 서 원리를 따를 경우 주체는 다른 사람들에게 관심을 가져서는 안 되고, 그러면 공자가 권하는 서는 윤리적 원칙으로 기능하지 못할 것이다. 타인에 대한 철저한 무관심을 낳을 수 있는 원리가 어떻게 윤리적일 수 있겠는가? 그러나 다행인지 불행인지 공자의 이론은 애초부터 윤리적으로 무너지지 않도록 짜여 있다. 공자에게 있어 자신이 원하지 않는 것이란 사실상 '예禮가 원하지 않는 것'에 지나지 않기 때문이다. 자신이 원하지 않은 것은 이미 '자신에 대한 재판과 검열[內自訟]'을 거친 것이다.

공자의 자기반성은 주체가 모든 것을 무조건적으로 반성하는 것이 아니다. 항상 예에 의해 자기 자신을 검열하고 심판하는 것이다. 따라서 자신이 원하지 않는 것을 생각해냈을 때, 그것은 예에 맞지 않는 것일 수밖에 없게 된다. 결국 서를 따른다는 것은 자신에게 내면화된 예의 명령에 따라 타인과 관계를 맺는 일이다. '자신이 원하지 않는 것을 남에게도 행하지 말라'는 공자의 말에는 '예가 인정하지 않는 것을 남에게 행하지 말라'는 의미가 숨어 있는 것이다.

여자와 소인에게 쩔쩔맨 공자

공자의 서恕 원리는 모든 경우에 적용되지 않는다. 그것은 예禮라는 행위규범에 종속되어 있는 제한적인 윤리원칙이다. 만약 타인이 예를 공유하지 않는다면 서恕는 그에게 하나의 폭력으로 작용할 수밖에 없다. 다음은 그 단서가 될 만한 공자의 이야기다.

> 여자와 소인은 관계하기가 어렵다. 가까이하면 불손하고, 멀리하면 원망을 한다.
>
> 《논어》〈양화(陽貨)〉편

위대한 공자에게도 어찌할 수 없는 두 부류의 사람들이 있었던 셈이다. 그 하나가 육체노동에 종사하는 피지배층, 즉 '소인小人'이라면 다른 하나는 육체적 관계를 통해 자식을 낳는 '여자女子'다. 공자에게 있어 바로 이 소인과 여자가 서의 윤리원칙에 손쉽게 적용되지 않는, 진정한 의미의 타인이었던 것이다. 그들은 절대적 규범인 예의 바깥에 있는 존재이기 때문이다.

군자는 예를 철저히 내면화했거나 최소한 자신의 행위명분으로 받아들인 지배층 남자들을 말한다. 공자는 서의 원리에 입각해서 군자들과 원만한 관계를 유지했다. 그 이유는 공자 본인뿐 아니라 그가 관계하는 군자들도 기본적으로 예의 원리를 공유하고 있기 때문이다. 반면에 공자는 예의 원리를 공유하지 않은 소인이나 여자에 대해서는 이상하게도 쩔쩔맨다. 공자의 당혹감은 '가까이하면 불손하고, 멀리하면 원망한다'는 구절에 잘 표현되어 있다.

그렇다면 이때 공자는 어떻게 해야 했을까? 어떻게 하면 소인이나 여자와 원만한 관계를 유지할 수 있었을까? 공자는 무엇보다 예의 원리를 의심할 수 있어야만 했다. 과연 예는 모든 사람들에게 통용될 수 있는 행위규범인가? 하지만 아쉽게도 공자는 예의 원리를 조금도 반성하지 않는다. 오히려 자신이 왜 소인과 여자와는 친분을 나눌 수 없는지를 합리화하려고 노력할 뿐이다.

군자는 의義에 밝고 소인은 이익[利]에 밝다.

《논어》〈이인(里仁)〉편

'예의禮義'라는 말에서 알 수 있듯이 '의義'란 예에 의해 규정되는, 마땅히 행해야 할 행위규범을 가리킨다. 결국 군자란 예의 원리를 공유하는 사람들이고, 소인은 예를 공유하지 않을 뿐만 아니라 이익을 위해서는 예를 어길 수도 있는 사람들이다. 때문에 예에 입각해서 타인과 관계하려는 서恕의 원칙은 당연히 소인에게는 적용될 수 없는 것이다. 그러나 과연 공자의 평가대로 소인은 오로지 이익에만 관심 있는 사람들인가?

그들은 육체노동에 종사해야만 생활을 꾸려나갈 수 있는 처지에 놓여 있다. 다시 말해 그들이 이익에 밝게 된 것은 자신의 절박한 입장 때문이지 공자의 생각처럼 '의로움[義]'에 밝지 않았기 때문은 아니라는 말이다. 그럼에도 불구하고 공자는 소인들이 마치 태생적으로 이익만을 추구하는 무리인 것처럼 말하고 있다. 그 이유는 소인들의 삶의 조건을 살피지 못하고 결과만을 단편적으로 보았기 때문이다.

공자를 의심한 장자

이처럼 공자의 서恕 원리는 사회의 대다수를 차지하는 소인과 여자를 제외한 소수, 즉 군자에게만 제한적으로 적용된다. 따라서 모든 사람들에게 서 원리를 관철시키려고 하는 것은, 예를 바람직한 원리라고 믿지 않는 사람들에게 일방적인 강요나 폭력을 가한 것이다.

이런 의도하지 않은 폭력성을 철학적으로 깊이 생각하여 폭로한 사람이 바로 장자莊子, BC 365?~270?인데, 다음은 그가 만든 흥미진진한 우화다.

> 너는 들어보지 못했느냐? 옛날 바닷새가 노나라 서울 밖에 날아와 앉았다. 노나라 임금은 이 새를 친히 종묘 안으로 데리고 와 술을 권하고, 구소의 음악을 연주해주고, 소와 돼지, 양을 잡아 대접했다. 그러나 새는 어리둥절해하고 슬퍼할 뿐, 고기 한 점 먹지 않고 술도 한 잔 마시지 않은 채 사흘 만에 죽어버리고 말았다. 이것은 '자기와 같은 사람을 기르는 방법으로 새를 기른 것[以己養養鳥]'이지, '새를 기르는 방법으로 새를 기른 것[以鳥養養鳥]'이 아니다.
>
> 《장자(莊子)》〈지락(至樂)〉편

이 이야기에서 중요한 것은 바닷새를 좋아했던 노나라 임금이 결국에는 바닷새를 죽인다는 점이다. 그 이유는 무엇일까?

노나라 임금은 좋아하는 바닷새를 어떻게 대접하면 좋을까 반성해보았다. 그는 반성을 통해 훌륭한 음악을 들려주고 맛있는 음식을 먹이면 바닷새가 기뻐할 것이라고 확신했다. 이런 확신은 경험으로부터 나온 것이다. 그러나 그의 의도와는 달리 바닷새는 사흘 만에 죽어버리고 말았다.

장자는 노나라 임금이 저지른 폭력의 메커니즘을 '사람을 기르는 방법으로 새를 기르는 것'이라고 표현했다. 다시 말해 노나라 임금은 '자신이 원하는 것을 바닷새에게 그대로 시행한 것'이다. 여기서 우리는 장자가 누구를 노리고 우화를 만들었는지 어렵지 않게 알아차릴 수 있다. 그는 바로 "자신이 원하지 않는 것을 남에게도 행하지 말라"고 역설했던 공자다.

장자는 공자가 그토록 강조했던 자기반성의 능력을 근본적으로 의심하고 있다. 자기반성을 한다 하더라도 반성을 통해 선택한 행동이 항상 의도된 결과를 낳으리라는 보장은 없다. 타인과 원만하게 관계하려면 그와 나는 기본적으로 동일한 공동체의 원리를 따라 행동해야만 한다. 그렇지 않다면 우리가 어떤 것을 선택하든 간에 결코 의도했던 결과를 얻을 수 없을 것이다.

장자의 우화에 등장하는 바닷새는 공동체의 원리를 공유하지 않은 타인을 상징한다. 공자의 경우 이 타인은 소인이나 여자에 해당될 것이다. 그들이 앞에 있을 때 공자는 모른 척 외면하거나 혹은 자신이 절대적으로 신뢰하는 예를 학습하도록 권한다. 하지만 장자는 다른 길을 선택한다. 서恕의 원리를 따랐던 노나라 임금의 의도하지 않은 폭력을 비웃으면서 타인과 적절히 관계하는 새로운 원리를 제시한다. 그것은 바로 '새를 기르는 방법으로 새를 길러야 한다'는 것이다.

이 말을 공자의 방식대로 표현하면 다음과 같다.

'남이 원하지 않는 것을 남에게 행하지 말라[人所不欲, 勿施於人].'

남이 원하지 않는 것을 알려면 자신이 절대적으로 신뢰하는 예를 의문시하고 때에 따라서는 폐기해야만 한다. 하지만 공자는 단 한 번도 예를 의심하지 않았던 사람이다.

공자보다 위대한 《논어》

많은 사람들이 공자를 위대한 성인聖人이라고 이야기한다. 그들은 공자가 보편적인 사랑의 정신으로 인을, 사랑을 실현할 수 있는 구체적인 윤리원칙으로서恕를 주장했다고 말한다. 이런 평가에는 공자 사유체계에 결정적으로 중요한 한 가지 요소, 정확히 말해서 핵심이 빠져 있다. 즉 예에 대한 공자의 신념을 반영하지 못하고 있다는 뜻이다.

공자를 객관적으로 평가하기 위해서는 기본적으로 예라는 행위규범이 아직도 의미 있는 보편성을 갖고 있는지, 주례가 무너졌던 춘추시대에만 의미가 있는 것인지를 판단해야 한다. 아이러니한 것은 공자의 진정한 위대함이 그의 사유 체계에 있는 것이 아니라 '타인에 대한 감수성'에 있다는 점이다. 공자가 자신의 사유 체계로 끌어들이지 못했던 이런 흔적들이 그의 말과 행동을 적어놓은 《논어》 곳곳에서 보인다.

공자 사유 체계에서 인이 중요하다는 것을 알아챈 제자들은 그 의미에 대해 수시로 질문을 던진다. 흥미로운 것은 앞에서도 말했지만 제자에 따라, 심지어는 동일한 제자의 질문에 대해서도 공자가 대답을 달리하고 있다는 점이다. 그중 몇 가지를 살펴본다.

중궁仲弓이 인仁에 대해 물었다. 공자가 말했다.

"자기 집 문을 나서서 사람을 대할 때에는 마치 큰 손님을 대하는 것처럼 하고, 백성들을 부릴 때에는 큰 제사를 받드는 것처럼 해야 한다."

《논어》〈안연(顔淵)〉편

사마우司馬牛가 인仁에 대해 물었다. 공자가 말했다.

"인한 자는 말하려고 할 때 말하기 어려운 듯이 말한다."

《논어》〈안연(顔淵)〉편

번지樊遲가 인仁에 대해 물었다. 공자는 말했다.

"인한 사람은 어려움을 먼저 하고 이득을 나중에 취한다."

《논어》〈옹야(雍也)〉편

번지가 인仁에 대해 물었다. 공자는 말했다.

"다른 사람을 아끼는 것이다."

《논어》〈안연(顔淵)〉편

번지가 인仁에 대해 물었다. 공자가 말했다.

"일상생활에서 공손하고, 일을 처리할 때에 공경스럽고, 남과 어울릴 때에 충실한 것이니, 비록 오랑캐 땅에 간다고 하더라도 버려서는 안 되는 것이다."

《논어》〈자로(子路)〉편

공자에게 있어 인仁한 사람은 분명 예禮를 학습하고 내면의 초자아로 받아들여 모든 행동을 예에 입각해서 행하는 사람이다. 그에 따르면 예는 신비한 힘, 즉 상대방으로 하여금 자발적으로 '조화로운[和]' 관계에 참여하도록 유도하는 힘을 갖는다. 결국 인한 사람은 자발적으로 조화에 참여할 수 있도록 타인을 감화시킬 수 있는 힘을 지닌 사람이라고 말할 수 있다 공자는 제자들의 언행이 '조화롭지 못한[不和]' 경우 그들이 '인하지 못한 상태'에 있다고 생각했을 것이다.

공자가 많은 제자들의 질문에 이처럼 다양한 다답을 했던 이유는 그들 각자가 쉽게 이해할 수 있도록 인을 설명하려고 했기 때문이다. 따라서 우리는 인에 대한 공자의 다양한 설명을 통해 제자들의 상태를 추측할 수도 있다. 중궁은 타인들을 만날 때 오만했던 사람이고, 사마우는 타인에게 너무 경솔하게 말했던 사람이고, 번지는 타인과 관계할 때 이익을 먼저 생각했던 사람이라는 식으로 말이다.

흥미로운 것은 마지막에 언급한 제자 번지의 사례다. 번지는 인에 대해 세 번이나 물었지만 공자는 그때마다 전혀 다른 대답을 주고 있다. 그 이유는 물론 세 경우 모두 번지의 상태가 달랐기 때문일 것이다. 어떤 경우에는 타인과 관계할 때 이득을 먼저 생각했고, 어떤 경우에는 타인을 함부로 다루었으며, 어떤 경우에는 일을 수행하거나 처리할 때 공손하지 못했던 것이다.

중요한 것은 공자의 다양한 설명만이 아니다. 오히려 그와 같은 다양한 대답은 공자가 타인에 대해 민감한 감수성을 지녔기에 가능했다는 점이 더 중요하다. 바로 이 점이 《논어》가 현재까지 읽히는 결정적인 이유 중 하나다. 그렇다면 우리는 다음과 같은 결론을 내릴 수도 있지 않을까? 공자보다는 《논어》가 훨씬 더 위대하다고.

만약 공자 본인이 직접 책을 썼다면 그의 체계는 하나의 낡은 사유로 치부될 수도 있었을 것이다. 그러나 《논어》는 공자가 타인들과 소통하려 했던 많은 흔적들, 하나의 체계가 되기에는 무엇인가 만족스럽지 못한 여백을 남기고 있다. 공자는 어떤 면에서는 '새를 기르는 방법으로 새를 길러야 한다'는 장자의 충고를 실천하고 있었던 셈이다. 물론 공자 스스로 이 점을 명확하게 의식하지는 못했다. 그러나 오히려 바로 그런 이유 때문에 공자보다는 《논어》가 훨씬 더 위대할 수 있는 것이다.

만남 3

유학 이론의 파수꾼, 맹자

공자의 유학 사상을 구출하라

　춘추시대는 주나라의 정치적 권위가 무너져 가던 시대였다. 공자는 이 혼란스러운 시대를 평화로운 시대로 바꾸기 위해 예禮와 인仁의 개념을 축으로 하는 유학 사상을 제안했다. 공자는 지배층의 사람들이 '인仁하게 되면' 피지배층은 자발적으로 따르게 된다고 확신했다. 그러나 공자의 기대와는 달리 사회는 더욱 혼란스러워졌고 걷잡을 수 없는 무한 경쟁과 패권 다툼의 시대인 전국시대로 내달리게 된다. 그러자 공자 이후의 많은 사상가들이 공자의 사상은 혼란스러운 시대를 종식시키기에는 부적합한 낡은 것이라고 비판했다. 그들은 앞 다투어 자신만의 고유한 사상을 제안하고 널리 알리려 했다. 본격적인 제자백가諸子百家 시대로 들어선 것이다.

　공자 이후 가장 강력한 영향을 미쳤던 사상가는 묵자墨子와 양주楊朱였다. 그들이 나타나면서 공자의 유학 사상은 마치 '죽은

유학의 이론을 체계화한 맹자

개' 취급을 받게 된다. 유학 이론가이자 변호인인 맹자孟子가 출현한 것은 바로 이때였다. 맹자는 자신의 소명 의식을 다음과 같이 피력했다.

성왕이 출현하지 않고 제후들이 방자해졌으며 처사(세상 밖에 나서지 않고 조용히 묻혀 사는 선비)들이 함부로 의논하자 양주·묵적의 말이 천하를 가득 채웠으니, 천하의 말이 양주로 돌아가지 않으면 묵적으로 돌아갔다. 양주는 자신만을 위하니[爲我] 이것은 군주를 없애는 것[無君]이고, 묵적은 두루 사랑하니[兼愛] 이것은 부모를 없애는 것[無父]이다. 자신의 부모를 없애고 군주를 없앤다면 이것은 금수와 같다. (……) 양주·묵적의 도가 그치지 않으면 공자의 도가 드러나지 않으니 이것은 사악한 학설이 백성을 속이고 인의仁義를 완전히 막아버린 것이다. 인의가 완전히 막히면 짐승을 몰아 사람을 잡아먹게 하는 것이고 사람들이 장차 서로를 잡아먹게 하는 것이다. 나는 이것을 두려워할 따름이다. 선왕의 도를 호위하고 양주와 묵적을 막으며 음사淫辭를 내쫓고 사악한 학설이 일어나지 않도록 해야 한다. 사악한 학설이 마음에서 일어나면 일에 해를 끼치고, 그 일에서 일어나면 정사政事에 해를 끼칠 것이니, 성인이 다시 출현한다고 하더라도 나의 말을 바꾸지는 못할 것이다. (……) 양주와 묵적을 막아낸다고 말할 수 있는 자는 성인의 무리일 것이다.

《맹자》〈등문공(滕文公)·下〉편

'양주와 묵자로부터 유학 사상을 구하라!'

맹자는 이것이 바로 자신의 임무라고 굳게 믿었던 것이다. 그에 따르면 양주˚의 철학은 '자신만을 위하기[爲我]' 때문에 군신 관계를 핵심으로 하는 국가질서를 부정하게 된다.

한편 묵자˚의 철학은 '모든 사람들을 무차별적으로 사랑하기[兼愛]' 때문에 부자 관계를 핵심으로 하는 가족질서를 부정하게 된다. 만약 국가질서와 가족질서가 무너진다면 인간은 짐승과 다름없는 삶을 살아가게 될 것이다. 맹자는 이러한 진단을 통해 인간을 인간답게 만들어줄 유학 사상을 다시 세우려 했다. 그에 의하면 유학은 가족질서와 국가질서를 동시에 정당화해주는, 전국시대의 혼란을 종식시킬 유일한 사상이었다. 맹자의 확신은 제나라 선왕에게 자신의 정치적 식견, 즉 '어진 정치[仁政]'의 필요성을 말하는 부분에서 명확하게 드러난다.

제 선왕이 물었다.
"제 환공齊桓公과 진 문공晉文公의 일에 대해 들을 수 있겠습니까?"
맹자가 대답했다.

∷ 양주

양자(楊子), 양자거(楊子居)라고도 하는 전국시대 초기의 철학자. 맹자는 양주를 개인주의자이자 쾌락주의자로 비판했는데, 이는 지나친 평가라는 견해가 많다. 양주의 본래 사상은 자연주의를 바탕으로 하고 있다. 양주는 삶을 살아가면서 다른 사람들의 간섭에서 벗어나 자연스럽게 사는 것이 가장 중요하다고 했고, 그것이 바로 즐겁게 사는 방법이라고 주장했다.

∷ 묵자

본명은 묵적(墨翟). 보편적인 사랑, 즉 겸애를 근간으로 하는 사상을 내세웠다. 공자의 예 중심 가치관이 지나치게 귀족적이고 형식적이라고 비판한 묵자는 원시시대의 소박하고 단순한 생활과 인간관계를 이상으로 했다. 묵자의 가치관은 중국 철학 중 상당히 독특한 사고로, 종교적 운동으로도 발전했다.

"공자의 제자들이 환공과 문공의 일에 대해 말한 것이 없어서 후세에 전해지지 않았기 때문에 신도 듣지를 못했습니다. 말할 것이 없다면 왕도에 대해 말씀드려도 되겠습니까? (……) 신이 호흘에게 들은 이야기입니다. 왕께서 당상에 앉아 계실 때 당 아래로 소를 끌고 지나가는 자가 있었습니다. 왕께서 그것을 보시고는 물으셨습니다.

"소를 어디로 데리고 가느냐?"

"흔종釁鐘, 종을 새로 만들면 제물을 바쳐 그 피를 종에 바르는 의식을 하려고 합니다."

그가 대답하자 왕께서 말씀하셨습니다.

"그만두어라. 나는 그 소가 두려워 벌벌 떨면서 죄 없이 도살장에 끌려가는 것을 차마 보지 못하겠구나."

"(……) 이 마음이면 충분히 왕이 될 수 있습니다. (……) 이것이 바로 인을 베푸는 방법입니다. (……) 군자가 금수에 대하여 그것이 살아있는 것을 보면 그것이 죽어가는 것을 차마 보지 못하며, 그것이 애처롭게 우는 소리를 들으면 그 고기를 차마 먹지 못합니다. 이 때문에 군자는 푸줏간을 멀리합니다. (……) 나의 집 어른을 어른으로 대접하고 그 마음이 다른 집 어른에게 미치도록 하며, 나의 집 아이를 아이답게 대하고 그 마음이 다른 집 아이에게까지 미치도록 하면 천하를 손바닥 위에서 움직일 수 있습니다. (……) 그러므로 이 은혜로운 마음을 잘 미루어 나갈 수 있으면 천하를 보호할 수 있습니다. 하지만 이 은혜로운 마음을 미루어 나가지 못하면 자기 처자식도 보호할 수 없습니다. 옛 사람들이 일반인들보다 크게 빼어난 점은 다른 것이 아니라 그 행하는 바를 잘 미루어 나간 것일 뿐입니다. 지금 은혜가 충분히 금수에게까지도 미칠 수 있는데, 그 공덕이 백성에게 이르지 못하는 것은 어째서입니까? (……) 이제 왕께서 정치를 펼치실 때 인정仁政을 베푸셔서 천하의 벼슬아치들로 하여금 모두 왕의 조정에서 벼슬하고자 하고, 농사짓는 사람들이 모두 왕의 땅에서 농사짓고자 하고, 상인들이 모두 왕의 시장에 물건을 저장하고자 하고, 여행객들이 모두 왕의 길로 다니고자 하고, 세상에서 자기 군주를 욕하고자 하는 사람들이 모두 왕에게로 와서 하소연하고 싶게 만드십시오. 이와 같이 하신다면 그 누가 막을 수 있겠습니까?'

《맹자》〈양혜왕(梁惠王)·上〉편

선왕은 당시 제후국들 중 가장 강력했던 제나라의 군주였다. 그는 다른 제후국들과의 피가 마르는 경쟁과 전쟁의 위험 속에서 자신이 바라는 것을 간접적으로 털어놓는다. 춘추시대 제후국들의 실질적인 리더였던 제나라 환공과 진나라 문공이 어떻게 패자^{覇者, 황제로부터 일정한 지역을 다스릴 권한을 부여받은 제후의 우두머리}가 될 수 있었는지 묻고 있는 것이다. 그의 머리는 다음과 같은 생각으로 가득 차 있었다.

'어떻게 하면 부국강병을 이룰 수 있고 전국시대의 진정한 패자가 될 수 있을까?'

그러나 선왕의 기대와는 달리 맹자는 그에게 유학 사상에 입각한 정치, 즉 인정仁政을 실천하라고 권한다. 맹자는 대화 상대인 선왕의 경험을 인용하여 이야기를 시작한다. 선왕은 도살장에 끌려가는 소를 보고 마음 아파했던 적이 있었다. 맹자는 바로 이 착한 마음, 짐승마저 아끼는 마음을 국가 전체로 확장할 수만 있다면 전국시대의 혼란을 종식시키고 천하를 통일할 수 있을 것이라고 말한다. 모든 사람들이 자신을 아껴주는 군주를 존경하게 될 것이고, 그의 신하나 백성이 되기 위해 몰려들 것이기 때문이다.

인간의 본성은 선하다

선왕과 맹자의 대화에서 중요한 것은 선왕에게 짐승조차 '잔인하게 대우하지 않는 마음'이 있었다는 점이다. 바로 이 '잔인하게 대우하지 않는 마음'이 인간 모두에게 있다는 것이 맹자 성선설性善說의 핵심 논거다. 맹자는 다른 사람을 잔인하게 대우하지 않는 인한 마음과 그에 입각한 정치인 인정의 관계를 다음과 같이 철학적으로 체계화하고 있다.

사람들에게는 모두 다른 사람을 잔인하게 대우하지 않는 마음이 있다. 선왕에게도 다른 사람을 잔인하게 대우하지 않는 마음이 있었고, 그래서 다른 사람을 잔인하게 대우하지 않는 정치가 있었다. 다른 사람을 잔인하게 대우하지 않는 마음으로 다른 사람을 잔인하게 대우하지 않는 정치를 행하면, 천하를 다스리는 것이 마치 손바닥 위에 올려놓고 움직이는 것과 같을 것이다. 사람들은 갑자기 어린아이가 우물에 빠지는 상황을 당하게 되면, 모두 깜짝 놀라고 측은해 하는 마음을 갖게 된다. 그것은 어린아이의 부모와 교분을 맺으려고 해서도 아니고, 지역 사회의 친구들에게 칭찬을 바라서도 아니고, 아이의 울음소리를 듣기 싫어해서도 아니다. 이러한 상황으로부터 관찰한다면, '측은해 하는 마음[惻隱之心]'이 없으면 사람이 아니고, '부끄러워하고 미워하는 마음(羞惡之心)'이 없으면 사람이 아니고, '사양하는 마음(辭讓之心)'이 없으면 사람이 아니고, '시비를 가리는 마음(是非之心)'이 없으면 사람이 아니다. 측은지심은 인仁의 단서이고, 수오지심은 의義의 단서이며, 사양지심은 예禮의 단서이고, 시비지심은 지智의 단서이다.

《맹자》〈공손추(公孫丑)·上〉편

맹자는 인간에게는 네 가지 선한 마음, 즉 측은지심, 수오지심, 사양지심 그리고 시비지심이 있다는 점을 들어 인간의 본성은 원래 선하다고 주장한다. 이를 논증하기 위해 맹자는 네 가지 마음 중 측은지심의 사례를 분석하고 있다. 여기서 우리는 그의 논증을 자세히 재구성해볼 필요가 있다. 그것은 맹자뿐만 아니라 후대의 유학자들을 살피는 데에도 매우 중요하기 때문이다.

어떤 사람이 길을 가다 우물에 빠지려는 어린아이를 보았다고 해보자. 그는 깜짝 놀라면서 어린아이를 측은하게 여기는 마음을 가질 수밖에 없을 것이다. 흥미로운 것은 측은지심이 들 수밖에 없는 상황에 대한 맹자의 사유방식이다. 맹자는 측은지심이 왜 발생하게 되었는지 다음과 같이 분석해보았다.

첫째, 그가 어린아이에 대해 측은지심을 갖게 된 이유는 어린아이의 부모와 친교를 맺으려고 했기 때문이 아니다.

둘째, 그가 측은지심을 갖게 된 이유는 자신의 지역사회 친구들로부터 선한 사람이라는 칭찬을 받으려고 했기 대문도 아니다.

셋째, 그가 측은지심을 갖게 된 이유는 공포에 사로잡혀 울부

짖는 어린아이의 울음소리가 귀에 거슬렸기 때문도 아니다.

결국 맹자에 의하면 측은지심은 주체의 의식적인 생각이나 현실적인 경험에서 발생할 수 없는 것이다. 그렇다면 측은지심은 어디에서 발생한 것일까?

여기서 맹자는 '본성[性]'이라는 개념을 도입한다. 그는 모든 인간은 측은지심이 발생할 수 있는 잠재성을 가지고 태어났다고 결론 내린다. 맹자는 우물에 빠진 어린아이를 측은하게 여기는 마음 외에도 어떤 행위를 부끄럽게 여기는 마음인 '수오지심', 어른을 만나면 양보하게 되는 마음인 '사양지심', 옳고 그름을 판단하는 마음인 '시비지심' 등도 우리 내면 깊은 곳에 있는 본성으로부터 나온다고 말한다.

맹자는 이어 이 네 가지 마음을 인의예지仁義禮智와 연결시킨다. 다시 말해 측은지심은 인仁의 단서端이고, 수오지심은 의義의 단서이고, 사양지심은 예禮의 단서이고, 마지막으로 시비지심은 지智의 단서라는 것이다. 바로 여기에 후대의 유학자들을 혼란에 빠뜨렸던 난점이 도사리고 있다. 그 난점은 '단서'의 의미와 관련되어 있다. 측은지심을 예로 들어보자. 측은지심은 인이란 본성이 완전히 실현된 결과인가? 아니면 인이라는 덕목을 실현하게 해줄 첫 단계의 마음 정도인가? 이 질문을 단순화하면 다음과 같은 두 가지 해석이 가능하다.

1. 인이 원인이고 '측은지심'이 그 결과다.
2. '측은지심'이 원인이고 인은 그 결과다.

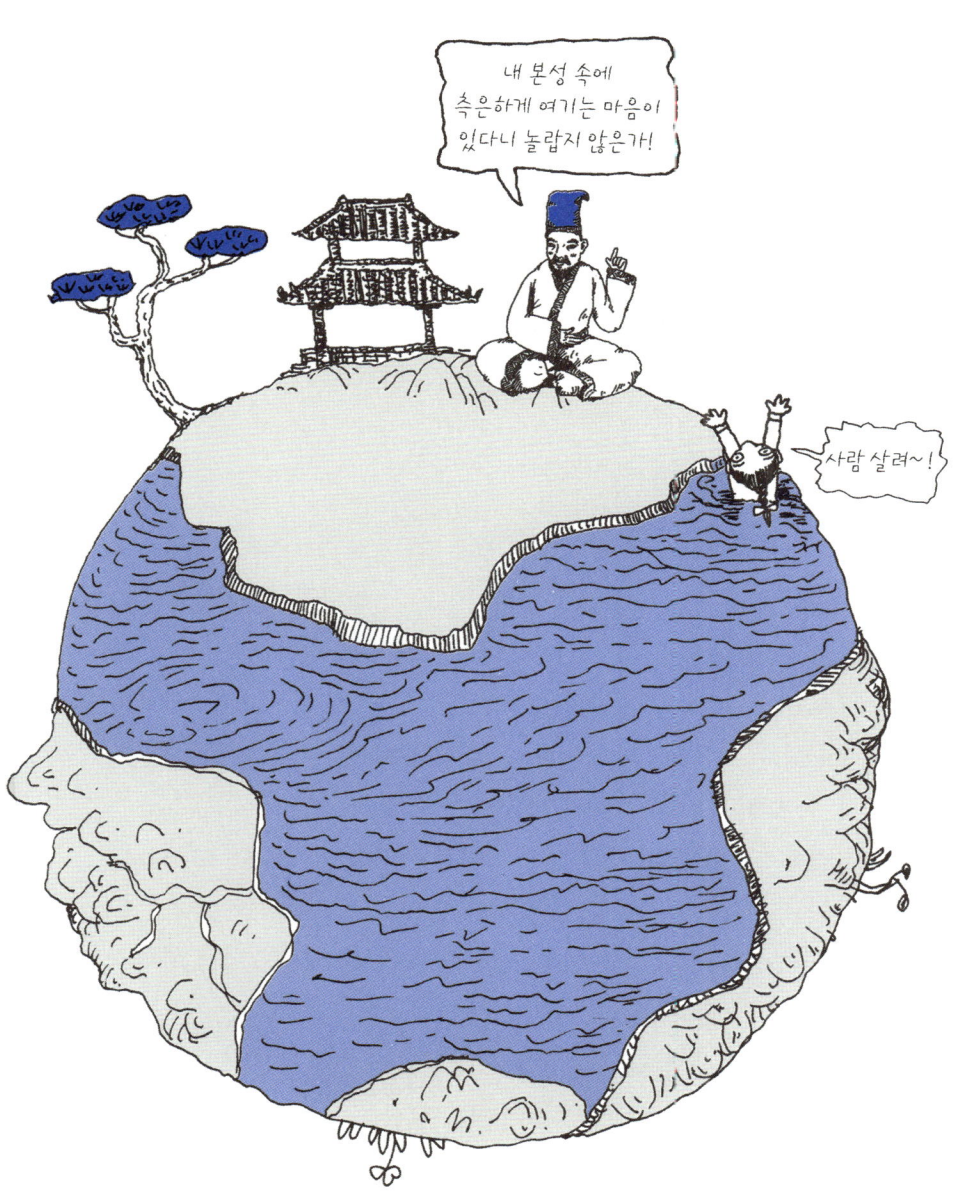

인을 원인으로 보면 인간 마음에는 이미 선한 본성이 갖추어져 있다는 말이 되고 따라서 그것을 밝혀내기만 하면 된다. 그러나 인을 결과로 보면 인간은 계속 윤리적인 관계를 맺어야만 인을 실현하게 된다고 볼 수 있다. 물론 인을 결과로 보는 입장도 인간에게 잠재된 본성이 있다는 점을 부인하는 것은 아니다. 측은지심 자체가 발생하게 된 근거로서의 본성은 여전히 인간에게 선천적으로 주어져 있다고 보기 때문이다. 첫 번째 입장이 주희로 대표되는 성리학에 의해 지지되었다면, 두 번째 입장은 조선 실학實學의 집대성자인 정약용에 의해 지지되었다.

네 가지 본성, 인의예지

인의예지라는 네 가지 본성에 대한 맹자의 논증은 유학 사상을 심오한 형이상학으로 변모시킨다. 보이지는 않아도 존재하는, 그리고 어느 순간 갑자기 우리를 사로잡는 본성이라는 '잠재성'의 영역이 새로 도입되었기 때문이다. 맹자에 의하면 어린아이가 우물에 빠지는 것을 목격하기 전의 나는 물질적 이익이나 사회적인 명성을 원하던 보통 사람이었다. 하지만 어린아이가 우물에 빠지려는 모습을 본 나는 이제 더 이상 이전의 나일 수 없게 된다. 이익이나 명성에 대한 욕심은 깨끗이 사라지고 아이를 측은하게 여기는 마음만이 내 안에 들어와 있기 때문이다. 이렇듯 맹자의 유학 사상은 측은지심의 경험을 핵심으로 하여 전개된다.

맹자의 사상에서 주목해야 할 것은 유학의 전통 윤리규범인

인의예지가 내 마음속의 본성으로 자리잡았다는 점이다. 특히 관심을 가져야 할 것은 바로 예다. 공자에게 있어 예는 학습하고 연마하여 내면화시켜야 할 그 무엇이었다. 그는 자신에 대해 다음과 같이 이야기한 적이 있다.

> 나는 '나면서부터 아는 사람〔生而知之者〕'이 아니라, '옛것을 좋아하고 민첩하게 그것을 구하는 사람〔好古敏以求之者〕'이다.
>
> 《논어》〈술이(述而)〉편

공자에게서는 인보다는 예가 근본적이었던 것과는 달리 맹자는 예보다 인을 더 중요시한다. 이는 그의 정치 이상이 인한 정치〔仁政〕로 표현된다는 점에서도 어렵지 않게 확인할 수 있다. 공자가 그토록 중요하게 여겼던 예를 맹자는 본성이 실현되어 나오는 네 가지 마음 중 세 번째 마음 정도로 보고 있다. 다시 말해 맹자에게 있어서 예란 예의범절이라는 외적인 형식을 학습해서 내면화해야 하는 것이 아니라, 우리 마음에 불현듯이 출현하는 사양지심과 관련된 것이다. 예의범절에 맞는 사람이 되려면 우리는 선천적으로 주어진 사양지심의 근거를 확충하기만 하면 된다.

> 이 사단四端을 가지고 있는 이는 모두 계발시켜 채워갈 줄 안다. 불이 처음 타오르고 물이 처음 솟아나듯이 진실로 사단을 계발시켜 채워갈 수 있으면, 온 세상을 보호할 수 있을 것이다. (계발시켜) 확충해 가지 못한다면 부모조차 섬길 수 없을 것이다.
>
> 《맹자》〈공손추(公孫丑)·上〉편

맹자가 공자와 결정적으로 달라지는 지점이 바로 이 대목이다. '옛 전통을 좋아해서 배우기를 좋아했던' 공자와는 달리 맹자는 내면의 본성으로부터 기원하는 측은지심, 수오지심, 사양지심, 시비지심 등 네 가지 단서[四端]를 기르기만 하면 성인聖人이 될 수 있다고 말한다. 통치자가 이 사단을 확충할 수만 있다면 '인정仁政'이 가능해지고 혼란스런 전국시대도 결국 통일될 것이라고 믿은 것이다.

하나 더 지적해두고 싶은 것은 공자의 인이 맹자의 '측은지심'과도 거리가 있었다는 점이다. 공자에 의하면 오직 인한 사람만이 남을 좋아할 수도 있고 미워할 수도 있다. 이것은 공자의 인이 맹자가 말한 것처럼 본성의 자연스러운 실현이 아니라는 것을 말해준다.

많은 학자들과 일반 사람들은 공자와 맹자를 공맹孔孟이라고 일컫는다. 맹자가 공자의 사상을 그대로 계승한 것처럼 평가하는 것이다. 그러나 철학적으로 살펴보면 두 사람의 사유는 상당한 차이점이 있다. 다음은 '생각[思]'이란 개념에 대한 두 사람의 차이점이다.

> 배우기[學]만 하고 생각하지[思] 않으면 얻는 바가 없고, 생각만 하고 배우지 않으면 의혹이 생길 것이다.
>
> 《논어》〈위정(爲政)〉편

측은지심은 사람이 모두 가지고 있고, 수오지심은 사람이 모두 가지고 있고, 공경지심은 사람이 모두 가지고 있고, 시비지심은 사람이 모두 가지고 있다. 측은지심은 인이며, 수오지심은 의이며, 공경지심은 예이며, 시비지심은 지이다. 인의예지는 외부에서 나에게 새겨진 것이 아니라 내가 본래 가지고 있는 것이지만 사람들은 (다만 그것을) 생각하고[思] 있지 않을 뿐이다. 그러므로 구하면 그것을 얻고 버리면 잃을 것이다.

《맹자》〈고자(告子)·上〉편

공자는 배움[學]과 생각[思]을 동시에 강조한다. 그는 외적으로 학습한 것을 주체적으로 반성하고 평가하고 흡수하여 통일된 의미를 부여하는 기능을 '생각'이라고 이해한다. 반면에 맹자는 주체 안에 주체의 사유를 넘어서는 본성의 영역이 우선 있고, 그것을 내성적으로 직관하는 것을 '생각'으로 이해한다. 비록 그가 '구하면(생각하면) 얻고 버리면(생각하지 않으면) 잃는다'고 말했지만 사실 이것은 과장된 표현이다. 왜냐하면 생각하든 혹은 생각하지 않든 본성은 인간이 살아 있는 동안에는 소멸될 수 없다는 것이 맹자의 논리이기 때문이다. 예를 들어 자신의 본성에 대해 생각하지 않는다고 하더라도 어린아이가 위기에 빠지면 측은지심은 항상 다시 출현할 가능성이 있는 것이다.

두 사람의 차이점을 좀 더 단순화시키면 공자에게는 생각의 대상이 학습하는 주체 외부에 있는 반면, 맹자에게는 주체 내면의 본성에 있다. 이와 관련하여 흥미로운 점은 공자가 반복적으로 강조했던 서의 원칙이 맹자에게서는 별로 발견되지 않는다는 것이다. 주체의 내면에만 신경을 쓰는 맹자에게 '타인'이라는 외부 대상은 애초부터 중요한 자리를 차지하기가 어려웠던 것이다.

대인과 군자가 통치한다

맹자 성선설의 중요한 취지는 다음과 같다.

> 선천적으로 가지고 있는 사단을 내성적으로 직관해서 실현시킬 수만 있다면 인간은 누구나 '성인'이 될 수 있다.

여기서 잊지 말아야 할 것은 맹자가 인정이라는 정치적 이상을 실현하기 위해 성선설을 도입했다는 점이다. 이 점에서 맹자의 윤리학은 일종의 도덕정치론의 일부분이라고 할 수 있다. 그의 말처럼 통치자가 선천적으로 지닌 사단을 국가 전체에까지 확장할 수만 있다면 천하를 통일할 수 있는 황제가 될 것이기 때문이다. 역으로 이것은 현존하는 통치자를 내쫓는 혁명의 논리로도 사용될 수 있다. 맹자는 제나라 선왕과 다음과 같은 이야기를 주고받는다.

:: 걸 임금과 주 임금

걸(桀)은 중국 하(夏)나라의 마지막 왕이며, 주(紂)는 은나라의 마지막 왕으로, 이 둘은 중국 상고시대의 폭군의 대명사이다. 걸왕은 사치와 여색을 즐겨 주지육림(酒池肉林)을 만들어놓고 즐겼다고 하며, 주왕은 애첩 달기에게 빠져 국정을 돌보지 않았다고 전해진다. 이 두 임금은 모두 역사적인 실존인물이라기보다 폭군의 모습을 정형화한 전설로 보는 편이 좋다.

제나라 선왕이 물었다.
"탕湯 임금이 걸桀 임금을 쫓아내고 무왕武王이 주紂 임금을 정벌한 일이 있었습니까?"
맹자가 대답했다.
"옛날 책에 보면 그런 일이 있었습니다."
"신하가 임금을 죽일 수 있는 것입니까?"

"인을 파괴하는 사람은 도적이고, 의를 파괴하는 사람은 강도입니다. 도적이나 강도는 하나의(하찮은) 장부丈夫일 뿐입니다. 한 장부를 죽였다는 말은 들었지만 임금을 죽였다는 말은 듣지 못했습니다."

《맹자》〈양혜왕(梁惠王)·下〉편

유학 사회에서 신하는 결코 군주를 살해할 수 없다. 그것은 자식이 부모를 살해하는 것처럼 반인륜적인 범죄이기 때문이다. 그러나 맹자는 인정을 펼치지 못하는 군주는 내쫓거나 심지어 죽여도 된다고 말한다. 이런 군주는 군주로서의 자격을 잃은 보통 사람에 지나지 않기 때문이다. 이 말은 정치적으로 매우 도발적이다. 선한 본성을 실현할 수 있다면 누구나 군주가 될 수 있다는 뜻이 들어 있기 때문이다. 군주를 내쫓는 혁명의 논리까지 주장했다면 맹자는 혹시 사회적인 위계를 부정했던 인물은 아니었을까?

하지만 그는 단 한 번도 지배자와 피지배자로 나뉜 사회적 위계를 부정한 적이 없다. 군자君子와 소인小人이란 사회적 위계를 긍정했던 공자와 마찬가지로, 맹자 역시 정신노동에 종사하는 대인大人과 육체노동에 종사하는 소인小人으로 구성된 일종의 사회분업론을 지지했기 때문이다.

대인의 할 일이 있고 소인의 할 일이 있습니다. (……) 어떤 사람은 정신노동(勞心)을 하고 어떤 사람은 육체노동(勞力)을 하는 것입니다. 정신노동을 하는 사람은 다른 사람들을 다스리고, 육체노동을 하는 사람들은 그 사람들로부터 다스림을 받습니다. 다스림을 받는 사람들은 그 사람들을 먹여주고, 다스리는 사람들은 그 사람들로부터 얻어먹는 것이 천하에 보편적인 원칙입니다.

《맹자》〈등문공(滕文公)·上〉편

맹자의 사회분업론이 의미가 있다 해도 우리는 다음과 같이 물을 수밖에 없다. 도대체 무슨 이유로 어떤 사람은 지배자[大人]가 되고 또 어떤 사람은 피지배자[小人]가 되는가? 이런 의문은 결코 새로운 것도 이상한 것도 아니다.

공도자公都子가 물었다.
"똑같은 사람인데 어떤 사람은 대인이 되고 어떤 사람은 소인이 되는 것은 어째서입니까?"
맹자가 대답했다.
"대체大體를 따르면 대인이 되고 소체小體를 따르면 소인이 된다."
공도자가 물었다.
"똑같은 사람인데 어떤 사람은 대체를 따르고 어떤 사람은 소체를 따르게 되는 것은 무슨 이유입니까?"
맹자가 대답했다.
"귀나 눈 같은 감각기관은 생각하지 못하기 때문에 사물에 가려진다. 사물과 사물이 만나면 끌려간다. 마음이라는 기관은 생각[思]할 수 있는데 생각하면 얻게 되고 생각하지 못하면 얻지 못하게 된다. 이것들은 하늘이 내게 부여한 것들인데, 먼저 큰 것을 세우게 되면 작은 것이 빼앗지 못한다. 이것이 바로 대인일 따름이다."

《맹자》〈고자(告子)·上〉편

맹자는 자신의 타고난 본성에 대해 생각할 줄 아는 사람, 그리고 그 본성의 명령을 따를 줄 아는 사람이 곧 대인이라고 말하고 있다. 생각하지 않고서 감각기관[小體]의 욕구를 그대로 따르면 소인이 될 뿐이다. 이렇듯 대인과 소인의 구분은 선한 본성을 깨달았는가 그렇지 못했는가의 여부에 따라 달라지는 것이다. 따라서 맹자가 대인의 역할이라고 말했던 정신노동[勞心]이란 표면적으로는 통치 행위이지만, 자신의 본성을 바로 브고 넓혀서 충실하게 하려는 수양 행위라고 할 수 있다. 이렇게 맹자의 측은지심 윤리학은 단순히 윤리학적인 논의에만 그치지 않는다. 최종적으로는 도덕정치론의 하나로 생각될 수밖에 없는 것이다. 그에게는 수양의 완성 여부가 한 인간을 지배층이나 피지배층으로 나누는 정당성의 근거였기 때문이다.

맹자의 성선설은 타당한가?

우리는 할머니가 무거운 짐을 들고 계단을 오를 때, 어린 나이에 백혈병에 걸려 고통스러워하는 아이를 볼 때 측은지심이라는 일종의 '동정심'을 느낀다. 다른 세 가지 마음도 측은지심이 지닌 설득력을 가지고 있다. 자신이 죄를 저지르는 것을 보면 바로 부끄러워하고[羞] 남이 악을 저지르는 것을 보면 바로 미워하는[惡] 마음인 수오지심도 일종의 '양심의 가책'으로 거부하기 힘든 설득력을 지니고 있다. 또한 존경하는 어른, 학교 선생님, 직장 상사 혹은 자애로운 부모님을 만나면 곧바로 그들에게 좋은 자리나 음식을 주려는 마음인 사양지심이 생기는 것도 숨길 수 없는 사실이다. 나아가 누군가 옳은 이야기를 했을 때 그가 옳다[是]고 생각하거나 그릇된 이야기를 했을 때 그가 잘못했다고[非]고 느끼는 시비지심 역시 우리가 가지고 있는 어쩔 수 없는 마음이 아닌가?

하지만 과연 이 네 가지 선한 마음은 맹자의 방식으로만 설명이 가능한 것일까? 그리고 이 네 가지 마음은 동일한 메커니즘을 가지고 있는 유사한 마음일 수 있을까?

우선 '측은지심'의 작동 메커니즘과 나머지 세 마음의 작동 메커니즘은 질적으로 다르다. 슬픔에 잠긴 타인을 보았을 때는 직접적이고 무반성적으로 측은지심이라는 동정심이 발생한다. 이 경우 측은지심은 직접 대면하고 있는 타인과의 일종의 일체감을 강렬하게 경험하도록 해준다. 그러나 나머지 세 마음은 직접 대면하고 있는 대상이 타인이든 아니면 자신이든 간에 일종의 분리 상태를 체험하게 한다. 위대한 사람이나 숭고한 사람을 보았을 때 발생하는 사양지심은 그 사람에 대한 존경의 감정이지만 아직은 그 사람과의 일체감을 경험하지는 못한 것이다. 이 점은 자신의 윤리적 잘못과 남의 잘못에 대해 부끄러워하는 수오지심이나 옳음과 그름을 판단하는 마음인 시비지심의 경우 더욱 분명하게 드러난다.

측은지심을 제외한 세 가지 마음이 이런 분리의 느낌 혹은 거리감을 전제하고 있다면, 이 세 마음은 교육의 결과로 사후에 발생한 감정이라고 설명하는 것이 더 타당할 것이다. 비록 일시적으로는 무반성적으로 나오는 것 같지만 이 나머지 세 마음은 존경과 경멸, 당당함과 부끄러움, 옳음과 그름이란 판단 기준을 가지고 있기 때문이다.

그런데 더욱 중요한 점은 측은지심이 주체의 의도적인 생각과 판단에 의해 나타나지 않았다고 해서 맹자의 신념처럼 반드시 내면의 본성으로부터 나왔다고는 말할 수 없다는 점이다. 이런 동정심은 흄 David Hume, 1711~1776의 경우처럼 경험론적으로도 충분히 설명될 수 있기 때문이다. 흄은 인간이 수동적인 경험을 통해 연민의 감정을 체험하게 되고, 그 결과 동정심에 곤한 관념을 형성하게 된다고 설명하고 있다.

> 모든 사람의 정신은 그 느낌이나 작용에서 비슷하다. 어떤 다른 사람도 전혀 느낄 수 없는 정념에 의해 자극받는 사람은 아무도 없다. 똑같이 조율된 현絃들 가운데 하나의 운동이 나머지 현들에게 전달되듯이, 모든 정념은 한 사람에게서 다른 사람에게로 쉽게 옮아가며, 모든 사람들의 마음속에 그에 상응하는 운동을 불러일으킨다. 어떤 사람의 목소리나 몸짓에서 내가 그의 고통의 결과를 볼 때, 나의 마음은 즉시 이런 결과들로부터 그것의 원인으로 옮아가서, 그 자리에서 고통의 정념 그 자체로 전환될 정도로 생생한 고통의 관념을 형성한다. 비슷한 방식으로 내가 어떤 감정의 원인을 지각할 때 나의 마음은 그것이 낳은 결과로 인도되어 비슷한

∷ 데이비드 흄

인식이 생겨날 때 정신이 어떻게 작용하는지를 밝히려고 노력했던 18세기 스코틀랜드의 경험론 철학자. 인식의 근거로 경험을 들었고, 인과율 역시 객관적인 필연성이 아닌 개인의 습관에 기반한다고 분석했다. 흄은 동정심을 중요한 윤리학적 동기로 보았으나, 맹자와는 달리 동정심의 메커니즘을 경험론적으로 분석했지 신비화시키지는 않았다. 후대 칸트의 인식론이 흄에 대한 대응에서 출발했기 때문에 더욱 중요한 철학자로 평가된다.

감정에 의해 자극을 받게 된다. 내가 만약 무시무시한 외과 수술에 입회한다면, 수술이 시작되기 전이라도 수술 도구를 준비하고 붕대를 정돈하며 철제 기구를 열로 소독하는 것을 볼 때, 이 모든 광경이 나의 마음에 커다란 영향을 끼쳐 매우 강한 연민과 공포의 감정을 유발할 것이다. 다른 사람이 느끼는 고통의 정념 그 자체가 직접 나의 마음에 느껴질 수는 없다. 우리는 다른 사람이 느끼는 정념의 원인이나 결과를 감각할 수 있을 뿐이다. 우리는 이것으로부터 정념을 추리한다. 그리고 결과적으로 이것들이 우리의 동정심을 불러일으키는 것이다.

《인간 본성에 관한 논고A Treatise of Human Nature》 제3권 〈도덕에 관하여〉

측은지심으로 상징될 수 있는 맹자의 윤리학도 기본적으로는 '감정의 윤리학'이라고 부를 수 있다. 감정이란 어떤 상황에 처했을 때 직접적으로 그리고 자발적으로 나타나는 마음의 상태를 말한다. 그러므로 맹자가 비록 그것을 측은지심 등 마음[心]이라는 이름으로 부른다고 하더라도, 그의 사단은 모두 감정이라는 범주에 속하는 것이다. 분명 맹자의 사단은 윤리적으로 선한 감정인 것처럼 보인다. 그러나 과연 인간에게는 선한 감정만이 존재하는가?

맹자의 논증처럼 측은지심과 같은 선한 감정만이 주체의 숙고와 사유를 거치지 않고 곧바로 나타나는 것은 아니다. 거의 모든 감정들이 맹목적으로 나타난다. 경쟁 상대가 나보다 더 우월한 평가를 받을 때, 이성적으로는 그 평가가 타당하다는 것을 알지라도 우리는 심한 질투의 감정에 사로잡히게 된다.

우리의 마음속에는 이처럼 선하다고 볼 수 없는, 갈등과 분란을 일으킬 수 있는 다양한 감정들, 예를 들면 질투, 미움, 시기, 집착 등이 분명히 존재하고 있다. 따라서 맹자가 측은지심이 주체의 숙고나 사려로부터 발생하지 않고 자연스럽게 우리의 본성에서 출현한다고 말한다면 질투, 미움, 시기의 감정들도 우리의 본성에서 저절로 출현한다고 말할 수 있는 것이다.

따라서 맹자의 성선설이 타당하다면 성악설도 충분히 타당하다고 말할 수 있다. 바로 이런 점에서 맹자의 감정 윤리학이 결코 성공적인 윤리 이론으로 기능하지 못한다고 볼 수 있다. 감정에는 타인과 조화롭게 어울릴 수 있는 감정도 있지만, 불화를 일으킬 수 있는 감정도 있기 때문이다. 그러므로 감정의 윤리학에는 특정한 감정을 선하다고 긍정하기 이전에 다양한 감정들을 초월하는 어떤 전제된 기준이 요구될 수밖에 없다. 바로 여기에 측은지심 윤리학의 철학적 맹점이 놓여 있다.

만남 4

맹자 vs. 고자와 순자

맹자의 목적론을 비판한 고자

공자와 맹자의 유학 사상을 이어받았다고 자부하는 후대의 유학 전통들은—그것이 성리학이든 실학이든—맹자의 성선설에 대해서 조금도 의심하지 않았다. 그러나 사실 맹자의 성선설은 그가 살아 있을 당시에도 심한 반발을 불러일으켰다. 그 기록이《맹자》에 실려 전해오는데, 맹자의 성선설에 대항했던 사상가는 바로 고자 告子다.

《맹자》〈고자 告子·上〉편을 보면 맹자와 고자 사이에 이루어진 세 가지 논쟁을 살펴볼 수 있다. 그러나 마지막 세 번째 논쟁에서 《맹자》를 기록한 이가 의도적으로 고자의 논점을 흐리고 있기 때문에 여기서는 첫 번째와 두 번째 논쟁만을 살펴보려고 한다. 그리고 맹자보다 후대 사람인 순자가 성악설을 주장하면서 어떻게 성선설의 난점을 공격하는지도 살펴볼 것이다. 한 사람의 철학자를 이해하는 데는 그의 말과 이론들을 재구성해보는 것이 필수적이다. 하지만 결코 빠뜨려서는 안 되는 작업이 하나 더 있다. 그것은 동시대나 후대에서 어떤 식으로 그를 비판했는지 함께 살펴보는 일이다. 이렇게 함으로써 우리는 한 철학자를 그의 내부와 외부에서 동시에 입체적으로 바라볼 수 있기 때문이다. 우선 맹자와 고자 사이에 이루어진 첫 번째 논쟁을 살펴보도록 하자.

> 고자가 말했다. "본성은 버드나무와 같다. 의로움은 버드나무로 만든 나무 술잔과 같다. 인간의 본성을 어질고 의롭다고 하는 것은 마치 버드나무를 나무 술잔으로 여기는 것과 같다."
> 맹자가 대답했다. "그대는 버드나무의 본성을 따라서 나무 술잔을 만든다고 생각하는가? 아니면 버드나무의 본성을 해쳐서 나무 술잔을 만든다고 생각하는가? 만약 버드나무의 본성을 해쳐서 나무 술잔을 만든다고 본다면 또한 사람의 본성을 해쳐서 어질고 의롭게 된다고 보는가? 천하 사람들을 이끌고서 어짊과 의로움을 해치는 것이 분명 그대의 말일 것이다."
>
> 《맹자》〈고자(告子)·上〉편

맹자와 고자는 버드나무와 버드나무로 만든 나무 술잔을 예로 들며 인간의 본성에 대해 논의하고 있다. 두 사람의 논의를 자세히 살펴보면 '버드나무/나무 술잔'의 관계를 각자 다르게 해석하고 있음을 알 수 있다. 이는 맹자에게 '재료/쓰임에

:: 고자
중국 전국시대 제나라의 사상가로 맹자와 동시대에 활동하던 사람이었다. 성은 고(告), 이름은 불해(不害)이며 인성에 관하여 맹자와 논쟁을 벌이며 성선설과 성악설을 부정하고 인간은 교육하기 나름으로 그 어느 것으로도 될 수 있다고 주장했다.

맞게 제조된 도구'의 관계를 의미하지만 고자에게는 '삶/죽음'의 관계를 의미한다. 여기서 우리는 맹자가 말하는 나무 술잔이 어떤 특정한 공동체에 쓰이는 그릇이라는 점에 주목할 필요가 있다. 그렇다면 맹자에게 버드나무는 공동체적 질서에 아직 들어오지 않은 타인적 삶을 상징한다고 볼 수 있다.

맹자는 나무 술잔으로 쓰일 수 있는 잠재성[性]을 이미 버드나무가 가지고 있다는 식으로 논의를 전개한다. 그에게는 버드나무가 나무 술잔이 되는 것이 곧 자신의 본성을 실현하는 것으로 보였던 것이다. 그러나 고자에게 있어 나무 술잔은 버드나무와는 외재적인 관계에 있는, 우연적인 목적에 불과한 것이다. 말 못 하는 버드나무의 입장에서 볼 때 자신이 나무 술잔으로 만들어지는 것은 엄청난 폭력이기 때문이다.

맹자의 눈에는 처음부터 버드나무가 생활에 유용한 '목재'로만 보였을 뿐 다른 무엇과도 바꿀 수 없는 고유한 삶을 살아가고 있는 '생명체'로 보이지 않았다. 이 점에서 우리는 맹자 사유의 특징이 목적론에 있다고 규정할 수 있을 것이다. 맹자의 목적론은 다음과 같은 추론을 통해 성립된다.

맹자는 'X가 Y가 되었다'는 사실로부터 'X에게는 Y가 될 목적 혹은 잠재성이 미리 있었다'고 추론한다. 예를 들어 '새는 날개로 난다'는 사실로부터 '날개'의 목적은 '낢'에 있다고 추론하는 것이다. 그 다음으로 아직 날지 못하는 어린 새의 '날개'에는 '낢'이란 목적 혹은 본성이 미리 내재되어 있다고 추론한다.

이런 목적론을 통해서 사유하면 이론적인 문제뿐 아니라 현실적인 문제도 생기게 된다. 가령 어떤 새의 날개가 '날기 위함'이라는 목적을 충족시키지 못할 경우 그 새는 '미숙한, 발달하지 못한, 미개한 것'이라고 판단될 것이다. 그러나 과연 펭귄의 날개와 타조의 날개는 '발달하지 못한 미숙한 것'에 불과한 것일까? 또 다른 예를 들어보자. 만약 어떤 여자가 매춘부가 되었다면 그 여자에게는 매춘부가 될 잠재성이 미리 주어져 있었다고 말해야

인간의 본성은 어질고 의롭다고 하는 것은 마치 버드나무를 나무 술잔으로 여기는 것과 같다.

할까?

　후자의 예를 살펴보면 맹자가 주장하는 목적론의 오류를 어렵지 않게 발견할 수 있다. 이는 마치 애완견이 자신의 말을 잘 듣는다고 해서 개의 본성은 순종적이라고 말하는 것과 다를 바 없다. 고자의 입장에서 보면 맹자의 성선설은 버드나무를 죽여서 나무 술잔으로 만들었으면서도 버드나무가 자신의 본성을 실현했다고 주장하는 것에 지나지 않는다. 고자가 주목하는 것은 버드나무가 나무 술잔이 된 상황이 자연스런 본성의 실현이 아니라 생명을 앗아가는 폭력이라는 점이다.

인간 본성에 대한 논란

　맹자와 고자의 첫 번째 논쟁을 통해 우리는 버드나무가 나무 술잔의 본성을 가지고 있다는 맹자의 주장이 목적론적 논증임을 확인했다. 그의 사유가 기본적으로 목적론적인 구조를 갖추고 있다는 것은 매우 중요하다. 네 가지 마음[四端]이 본성에 기원한다는 맹자의 논의 역시 목적론적 구조를 갖고 있기 때문이다. 맹자와 고자 사이에 이루어진 두 번째 논쟁을 살펴보면 이 점을 더욱 분명히 이해할 수 있을 것이다.

　고자가 말했다.
　"본성은 '소용돌이치는 물[湍水]'과도 같아서 동쪽으로 터주면 동쪽으로 흘러가고, 서쪽으로 터주면 서쪽으로 흘러간다. 사람의 본성에

선善과 불선不善의 구분이 없는 것은 물에 동과 서의 구분이 없는 것과 같다."

맹자가 말했다.

"물에 진정 동서의 구분은 없지만 위아래의 구분도 없겠는가? 사람의 본성이 선한 것은 물이 아래로 흘러가는 것과 같다. 사람은 선하지 않음이 없고 물은 아래로 흘러가지 않는 경우가 없다. 지금 물을 쳐서 튀게 하면 이마를 지나가게 할 수 있고 세차게 밀어 보내면 산 위에도 있게 할 수 있다. 이것이 어찌 물의 본성이겠는가? 외적인 힘[勢]이 그렇게 한 것일 뿐이다. 사람을 선하지 않게 할 수도 있지만, 그 본성은 또한 이와 같을 뿐이다."

《맹자》〈고자(告子)·上〉편

고자가 '소용돌이치는 물[湍水]'을 비유로 든 것은 인간의 본성이 지닌 원초적인 유동성과 활동성을 강조하고자 한 것이다. 이 점에서 볼 때 그의 논의에서 정말 중요한 것은 소용돌이를 의미하는 단湍이라는 글자에 담겨 있다고 할 수 있다. 유동성과 활동성이 있기 때문에 '단수湍水'는 동쪽으로도 서쪽으로도 흘러갈 수 있다. 따라서 단이란 글자는 인간의 삶이 지닌 생명력을 그대로 표현하고 있다고 할 수 있겠다.

그러나 맹자는 고자와는 달리 '단'이란 글자에 담겨 있는 자생적 생명력을 논점에서 제거해버리고, 오히려 일반화된 '물[水]'만을 논점으로 취하고 있다. 맹자는 고요하게 멈추어 고여 있는 물을 비유로 들면서 자신의 성선설을 주장한다. 다시 말해 그는 고자의 소용돌이치는 물을 '물 일반'의 특수한 사례 정도로 낮게 평가하고 있는 것이다. 맹자에 의하면 고자가 주목했던 소용돌이치는 물은 단지 '외적인 힘[勢]'에 의해 일순간 나타나는 현상에 불과하다. 맹자는 이런 식으로 고자의 비유를 비판한 후 '물 일반의 본성에는 아래로 내려가려는 경향'이 있는 것 아니냐고 반문한다.

그러나 이 부분에서도 우리는 고자를 대신해 맹자에게 다음과 같은 질문을 던질 수 있다. 진정 물에는 아래로 내려가려는 본성이 내재되어 있는가? 물이 아래로 내려가는 것은 기본적으로 '중력'이란 외적인 힘 때문이 아닌가? 맹자는 미리 가해진 외적인 힘 때문에 물이 아래로 흘렀다는 사실을 모르고 물에는 아래로 내려가려는 본성이 내재되어 있다고 주장하는 것이 아닌가? 맹자의 이런 논증은 마치 어린아이를 잘 교육시켜서 어른만 보면 인사를 하도록 만든 후 인간에게는 사양지심이 있다고 논증하는 것과 마찬가지일 것이다. 맹자는 보이지 않는 중력의 힘을 의도적으로 보지 않으려고 한 것인가? 아니면 애초에 볼 수 없었던 것인가? 중요한 것은 물에 대한 중력의 힘이 바로 개인에 대한 공동체의 규칙과 규범을 그대로 상징하고 있다는 점이다.

순자, 성악설로 맹자에 맞서다

우리는 맹자와 고자의 논쟁을 통해 맹자의 사유 방식이 목적론적으로 이루어졌다는 것을 확인했다. 그것은 나중에 출현한 것을 이미 존재했다고 논증하는 것과 유사한 방식이었다. 맹자는 그렇게 함으로써 자신이 원하는 특정한 감정, 즉 측은지심, 수오지심, 사양지심, 그리고 시비지심이 인간의 본성에 이미 들어 있는 것이라고 주장할 수 있었다. 하지만 맹자가 비유로 든 버드나무와 나무 술잔의 관계가 옳다고 인정하더라도, 사단 역시 외재적 가공으로 만들어진 나무 술잔과 동일하다고 볼 수밖에 없다.

버드나무는 어떠한 경우에도 저절로 나무 술잔이 되진 않는다. 반드시 사람의 손을 거쳐야만 용도에 맞는 그릇으로 변형될 수 있을 뿐이다. 마찬가지로 사단 또한 특정한 외적 학습 없이는 결코 형성되지 않는다. 그럼에도 불구하고 맹자는 의도적으로 외적 학습의 강력한 영향력을 무시한 채 사단이 본성의 실현인 것처럼 말하고 있다. 더구나 인간의 많은 감정들 중 특정한 몇 가지 감정만을 본성의 실현이라고 주장한 것은 명백한 오류다.

분명 맹자는 위기에 빠진 유학 사상을 다시 살려내려고 시도했던 유학의 대변자였다. 그러나 그의 시도는 철학적으로 큰 성공을 거두지는 못했다. 맹자 사유의 가장 큰 난점은 공자가 절대시했던 외재적인 예를 세 번째 감정, 즉 사양지심 정도로 내면화시켰다는 데 있다. 공자에게서는 인仁한 사람도 더 예를 내면화하기 위해 엄청난 자기수양을 거쳐야만 했다. 공자는 끊임없는 자기수양을 권하면서 "예가 아니면 보지도, 듣지도, 말하지도, 행하지도 않아야 한다"고 강조했던 것이다. 이런 점에서 볼 때 공자에게는 '예의 외재성'과 함께 그것을 학습하려는 '주체의 의지'가 무엇보다 중요한 요소였다고 말할 수 있다.

따라서 맹자가 본성으로 내면화된 예를 원래 자리로 돌리려는 시도를 한 것은 우연만은 아니었다. 공자의 핵심 취지인 예의 외재성을 회복하기 위해 노력했던 순자 荀子, BC 298?~238?의 입장은, 《순자》〈성악性惡〉편에 논리정연하게 나타나 있다. 맹자의 성선설을 비판하는 순자 성악설의 첫 번째 논증은 다음과 같다.

맹자는 말했다.
"사람이 배울 수 있는 것은 그 본성이 착하기 때문이다."
(순자는) 말했다.
"인간의 본성은 그렇지 않다고 생각한다. 그것은 인간의 본성을 잘 알지 못하고 인간의 본성[性]과 인위[僞]의 구별을 잘 살피지 못한 것이다. 본성이란 하늘이 부여한 것이니 배울 수 있는 것도 아니고 인위적으로 해서 되는 것도 아니다. (그러나) 예의禮義란 성인이 만들어낸 것으로 사람들이 배워서 할 수 있고 노력해서 이룰 수 있는 것이다. 배워서 될 수 없고 노력해서 될 수 없는 것으로 인간에게 (선천적으로) 갖추어져 있는 것을 본성[性]이라 하고, 배워서 할 수 있고 노력해서 이룰 수 있는 것으로 인간에게 있는 것을 인위[僞]라고 한다. 이것이 본성과 인위의 구별이다. 지금 인간의 본성이란, 눈으로 볼 수 있고 귀로 들을 수 있음을 말한다. 볼 수 있는 시력은 눈에서 떠나 있는 것이 아니고, 들을 수 있는 청력은 귀를 떠나 있는 것이 아니니, 눈

■■ 순자
중국 고대 3대 유학자 중 하나로 성은 순(荀), 이름은 황(況)이다. 공자와 맹자의 사상을 가다듬고 체계화했다. 순자는 염세주의적인 성악설의 주창자로 유명하나 순자의 가장 중요한 업적은 기존의 유학 사상을 대화가 아닌 논문 형식으로 기록하면서 이해하기 쉽게 구체화하고, 유학의 현실적 쓰임새와 방향을 논의한 것이다. 고대 유교의 틀을 만든 인물로 순자를 꼽는 사람이 많다.

의 시력과 귀의 청력은 배울 수 없음이 자명하다."

《순자》〈성악(性惡)〉편

맹자를 중시하는 유학 연구자들이나 이들에게 영향을 받은 일반 사람들은 순자의 성악설을 인간성을 믿지 않는 조잡한 이론쯤으로 여기는 경향이 있다. 그러나 이론적인 측면에서 보면 맹자의 철학이 오히려 순자의 철학에 비해 합리성이나 체계성 면에서 수준이 떨어진다. 순자가 성악설을 취하게 된 근본 동기는 공자 사상의 핵심이라고 할 수 있는 예의 외재성과 주체의 실천 의지를 복원하려는 데 있었기 때문이다. 그는 주체의 실천 의지를 위僞라는 개념으로 규정한다. 지금은 '거짓'이란 의미로 굳어져 사용되고 있지만 위는 원래 '인간의 노력'이나 '인간의 실천'을 의미했다. 이것은 '위'라는 글자를 분석해보면 금방 알 수 있다. '위僞'는 '사람'이라는 뜻을 가진 '인人'과 '행동'이란 뜻을 가진 '위爲'의 합성어이기 때문이다.

순자는 '본성[性]의 영역'과 '인위[僞]의 영역'을 분명히 구별하는 것에서 자신의 논의를 시작한다. 본성의 영역이 선천적으로 주어진 조건이기 때문에 우리의 의지로는 어찌할 수 없는 영역이라면, 인위의 영역은 우리의 의지와 실천에 의해 변경 가능한 영역을 말한다. 흥미로운 것은 맹자가 예를 사단이라는 형식을 통해 본성의 영역 안에 포함시킨 것과는 달리, 순자는 그것을 인위의 영역 안에 포함시키고 있다는 점이다. 다시 말해 순자는 성악설을 통해 예를 외재성이라는 본래 자리로 되돌려놓으려고 했던 것이다. 과거의 성인들은 주체적인 의지와 노력, 즉 인위에 의해 예를 만들었다. 그리고 이렇게 외부에 만들어져 있는 객관적 규범으로서의 예를 자신의 의지와 노력으로 학습해야만 했다. 결국 순자가 본성의 영역과 인위의 영역을 구분했던 이유 역시 예의 외재성을 회복하려고 했기 때문이었다고 말할 수 있다.

분명 맹자가 '인간의 본성은 선하다[性善]'라고 했을 때의 '선善'은 윤리적인 의미를 띠고 있다. 그러나 순자가 '인간의 본성은 악하다[性惡]'라고 했을 때의 '악惡'은 전혀 윤리적인 의미를 띠고 있지 않다. 맹자에 의하면 존경하는 어른을 만났을 때 자발적으로 나타나는 '사양지심'은 선한 감정이다. 당연히 이 감정의 밑바탕이라고 할 수 있는 본성도 선한 것이다. 그러나 순자는 사양지심과 같은 마음을 기본적으로 인위를 통해 내면화된 감정이라고 보며 더 나아가 인간의 본성을 윤리적인 선악의 의미가 전혀 없는, 자연적으로 주어진 것이라고 이해할 뿐이다.

순자는 자신이 생각하고 있는 본성을 눈이 볼 수 있는 것과 귀가 들을 수 있는 상황을 통해 비유적으로 설명한다. 본성이란 선악과는 관계없이 우리에게 주어진 눈과 귀의 역량과 유사하다고 판단한 것이다. 순자의 본성은 분명히 윤리적인 선악의 문제를 벗어나 있다. 따라서 우리는 그의 인성론을 비도덕적인 주장쯤으로 쉽게 깎아내려서는 안 될 것이다.

공권력과 규범을 대변한 순자

비록 맹자가 제나라 선왕과 같은 군주를 위해 인정仁政이라는 정치 이념을 제안했다고 해도,

인정을 정당화하는 맹자의 성선설은 많은 정치적 문제를 낳을 수밖에 없었다. 맹자에 의하면 모든 인간은 선한 본성을 가지고 있고, 이 선한 본성을 충실하게 하는 것은 주체 자신의 힘에 의해서만 가능하다. 이런 맹자의 생각은 현실 사회에서 국가 공권력의 정당성, 그리고 사회 규범의 역할을 전적으로 부정하는 논거로도 사용될 수 있다. 왜냐하면 인간은 선한 인간이 되기 위해 다른 외적인 것-국가질서, 학문 전통, 혹은 관습 등-에 의존할 필요가 없기 때문이다. 순자가 보았을 때 맹자의 성선설은 사변적이고 낙관적일 뿐만 아니라 현실 감각이 결여된 비현실적인 주장에 지나지 않는다.

맹자는 말했다.
"인간의 본성은 선하다."
(순자가) 말했다.
"이것은 그렇지 않다. 무릇 예로부터 지금까지 세상 사람들이 선이라고 말한 것은 올바르고, 질서 있고, 공평하고, 다스려진 것이었고, 악이라고 말한 것은 치우치고, 음험하고, 어긋나고, 혼란스러운 것이었다. 이것이 선함과 악함의 구분이다. 지금 진실로 사람의 본성을 올바르고 질서 있고 공평하고 다스려진 것으로 생각한다면, 성왕聖王은 무슨 소용이 있으며 예의는 무슨 소용이 있겠는가! 비록 성왕과 예의가 있다 할지라도 올바르고 질서 있고 공평하고 다스려진 것에 무엇을 더할 수 있겠는가! 지금 보면 그렇지 않으니 사람의 본성은 악한 것이다. 그러므로 옛날에 성인들은 사람들의 본성이 악하다고 여겼고, 그들이 치우치고 음험해서 바르지 않으며 어긋나고 혼란스러워

다스려지지 않았다고 여겼다. 그 때문에 군주의 권세를 세워 그들 위에 군림하도록 했고, 예의를 밝혀 그들을 교화했으며, 올바른 법도를 만들어 그들을 다스렸고, 형벌을 무겁게 해서 그들의 악한 행동을 금지하였다. 그렇게 함으로써 세상 사람들이 모두 잘 다스려졌고 선함에 부합되었다. 이것이 바로 성왕의 다스림이고 예의의 교화다. 지금 시험 삼아 군주의 권세를 없애고 예의를 통한 교화를 중지하며, 올바른 법도의 다스림을 없애고 형벌에 의한 금지를 없애고 나서 세상 사람들이 서로 어떻게 어울리는지를 살펴보도록 하자. 만약 이와 같다면 곧 강한 자가 약한 자를 해치며 그들의 것을 뺏을 것이고, 수가 많은 자들이 적은 자들에게 난폭하게 굴면서 그들을 짓밟을 것이다. 세상 사람들이 어긋나고 혼란스러워져 한참을 기다릴 것도 없이 망하게 될 것이다. 이로써 보건대, 사람의 본성은 악한 것이 분명하며 그것이 선하다는 것은 인위적 결과이다."

《순자》〈성악(性惡)〉편

맹자의 선악 개념은 기본적으로 인간 주체의 윤리적인 행동과 밀접하게 관련되어 있다. 반면에 순자의 선악 개념은 사회학적 의미를 강하게 띠고 있다. 그에게 있어 '선'은 기본적으로 사회적 질서가 확보된 상태를 가리키고, '악'은 사회적 무질서의 상태를 가리키기 때문이다.

순자는 맹자의 성선설을 공격하면서 핵심적인 질문 하나를 던진다. 만약 당신의 말대로 인간이 스스로 선해질 수 있다면 군주로 대표되는 국가질서와 예의로 대표되는 사회 규범은 무슨 소용이 있겠느냐는 것이다. 이처럼 순자에게는 맹자의 성선설이 국가질서와 사회질서의 정당성을 근본적으로 훼손하는 주장에 불과한 것으로 보였다.

순자는 맹자의 말에 다음과 같이 반문한다.

"만약 국가의 공권력과 사회질서의 규범을 없앤다면 어떤 결과가 나올 것인가?"

순자의 진단에 따르면 사회는 강한 자가 약한 자를, 다수가 소수를 억압하고 짓밟는 무질서 상태로 전락하게 될 것이다. 만약 그의 진단처럼 된다면 맹자에 대한 순자의 비판은 타당성을 확보할 수 있을 것이다. 순자는 인간 사회에 공권력과 사회 규범이 요청되는 이유를 다음과 같이 정당화한 적이 있다.

> 사람은 태어날 때부터 욕망을 가지고 있다. 욕망을 부려도 채워지지 않으면 (그것을 끝없이) 추구하지 않을 수 없다. 욕망을 추구하는 데 있어서 일정한 분수와 한계가 없으면 서로 다투지 않을 수 없고, 서로 다투면 사회는 혼란스럽게 되며 혼란해지면 (한정된 재화가) 바닥이 나고 만다. 선왕은 이러한 혼란을 싫어하였다. 그래서 예의를 제정하여 사람마다 분수를 정하고, (이 분수에 따라) 사람의 욕망을 정도에 맞도록 길러주고, 사람의 욕구를 채워주었다. 또 욕망이 결코 재화를 바닥내는 데까지 이르지 않도록 하고, 재화가 욕망 때문에 바닥나는 일이 없도록 하여 이 둘(욕망과 재화)이 서로 연관되어 발전하도록 하였다. 이것이 예의 기원이다.
>
> 《순자》〈예론(禮論)〉편

순자에 의하면 예는 인간 욕망의 무한성과 그것을 충족시켜줄

재화의 유한성이라는 모순을 해결하기 위해 만들어진 것이다. 따라서 인간에게 외적인 공권력과 사회 규범이 없다면 인간의 욕망과 부족한 재화는 모순관계에 빠지고 사회는 걷잡을 수 없는 무질서 상태에 빠질 것이다. 맹자의 성선설이 비현실적일 뿐만 아니라 정치적인 질서를 해칠 가능성이 있다는 순자의 비판은 바로 이런 인간과 사회에 대한 현실 감각이 있었기에 가능했던 것이다.

맹자는 애초에 인간이 욕망을 가진 존재라는 사실을 심각하게 받아들이지 않았다. 그는 인간의 육체적 욕망을 선한 본성에서 나오는 선한 감정을 막는 부정적인 계기 정도로만 다루었다. 그러나 순자는 인간의 욕망을 부정적인 계기와 동시에 긍정적인 계기로 사유한다. 그에게 인간의 욕망은 사회를 혼란에 빠뜨릴 수 있다는 점에서 부정적이지만, 동시에 사회적 공권력과 윤리 규범의 필요성을 정당화해준다는 점에서 긍정적인 역할을 하기 때문이다.

이때 주의해야 할 것은 인간의 욕망을 바라보는 순자의 시선이다. 그는 인간의 욕망을 인간이 삶을 살아갈 수 있도록 선천적으로 주어진, 자신을 보존할 수 있는 능력 정도로 이해하고 있다. 때문에 순자의 이론 체계에서 예의 외재성이 강조되면 될수록 인간의 욕망 또한 강조될 수밖에 없었던 것이다.

맹자는 묵자와 양주에 의해 위기에 빠진 유학 사상을 구하려고 했던 인물이다. 그리고 그 관건은 인의예지라는 유학의 가치 덕목을 정당화할 수 있느냐에 달려 있었다. 맹자는 이 네 가지 가치 덕목이 인간의 본성에 뿌리를 둔 것이라고 정당화했다. 그러나 이러한 이론적 구성이 낳은 결과는 실로 심각했다. 그중 가장 중요한 것은 인간이 타인과 관계하면서 형성할 수밖에 없는 사회성의 문제가 맹자의 이론 체계에서는 사라지고 없다는 점이다. 이는 공자에게는 보편적인 사회 규범이었던 예를 '사양지심'이라는 한낱 직접적인 감정으로 바꿔놓은 사실에서도 여실히 드러난다. 본성이 아무리 깊은 곳에 있어도 그것은 결국 주체 내부에 있는 것이다. 그러므로 맹자에 이르러 유학이 일종의 내밀한 종교가 된 것도 우연만은 아닐 것이다.

예로 대표되는 유학의 가치 덕목을 내면으로부터 구제하기 위해 등장했던 사상가가 바로 순자다. 만약 맹자가 순자의 비판을 들었다면 어떻게 대응했을까? 아마도 그는 좀처럼 귀를 기울이지 않았을 것이다. 왜냐하면 예가 인간의 본성으로 내면화되어 내면적인 숭배의 대상이 되어버렸기 때문이다. 건전한 비판과 논의를 거부할 수밖에 없는 맹자 사유의 폐쇄성은 순자 사유의 개방성과 확연히 대조된다.

순자는 인간의 욕망과 재화의 모순관계를 해소할 수 있는, 예보다 더 훌륭한 사회 규범이 존재한다면 받아들였을 것이다. 이런 점에서 순자의 체계는 비판에 열려 있는 철학 체계였다고 말할 수 있다. 순자의 문하에서 한비자라는 법가사상가가 출현할 수 있었던 이유도 바로 여기에 있다. 한비자가 자신의 스승 순자와 다른 점은 무한한 욕망과 부족한 재화 사이의 모순관계를 근본적으로 해결하는 방법으로 예가 아닌 법을 제안했다는 데 있다.

만남 5

신유학자 주희의
공맹 읽기

**불교와 투쟁한
신유학**

주희는 송대에 일어난 새로운 유학적 경향, 즉 신유학˚新儒學이라고 불리는 경향을 집대성한 인물이다. 중국 철학사가 펑유란馮友蘭, 1894~1990이 사용해서 유명해진 신유학은 말 그대로 '새로운 유학'을 뜻한다. 그런데 '새로움'이란 도대체 무엇에 대한 새로움인가? 표면적으로 그것은 공자와 맹자로 대표되는 선진유학先秦儒學에 대한 새로움이다. 그러나 신유학의 새로움은 그 정도 의미만을 갖고 있는 것일까?

신유학의 새로움을 온전히 이해하려면 '송대의 유가들이 왜 공자와 맹자의 사상을 새롭게 만들어야만 했는가?' 하는 물음에 답을 구하려고 노력해야 한다. 이 물음은 또 다음과 같은 물음을 낳는다. 무엇이 그 시대에 공자와 맹자의 사상을 낡은 것으로 만들었는가? 그것은 다름 아닌 불교 철학이다. 결국 신유학의 새로움은 공자와 맹자의 사상을 낡은 것으로 만들어버린 불교 철학과의 싸움을 통해 얻어진 것이다. 주희와 그의 제자 사이에 이루어진 문답을 살펴보자.

> 제자가 물었다.
> "이천伊川 선생님께서는 '불교 이론이 이치理에 가깝기 때문에 양주와 묵자보다 그 해가 심하다'고 하셨습니다. 제 생각에 '자신만을 위한다[爲我]'는 양주의 이론은 (우리 유학의) 의義와 유사하고 '두루 사랑한다[兼愛]'는 묵자의 이론은 (우리 유학의) 인仁과 유사하기 때문에, 그 해로움이 이루 다 말할 수 없는 것 같습니다. 그런데도 불교가 어떻게 양주와 묵자보다 해로움이 더 심하다고 할 수 있습니까?"
> 주자가 대답했다.
> "양주와 묵적은 단지 비타협적으로 '위아'와 '겸애'의 이론을 실천했던 자들이다. 그러나 불교는 사람들을 감동시킬 수 있는 정교한 이론을 가지고 있기 때문에 우리 송나라의 많은 훌륭한 사람들 중에 이 이론에 빠지지 않았던 사람이 없었던 것이다."
>
> 《주자어류(朱子語類)》 24번째 권

맹자가 양주와 묵자의 이론을 물리치는 것을 자신의 소명으로 삼았듯이 주희를 포함한 송나라 시대의 신유학 사상가들은 불교 이론으로부터 유학을 구하는 것을 자신들의 소명으로 삼았다. 그렇다면 불교의 어떤 면이 유학을 위기로 몰아넣었

:: 신유학
중국 송대에 일어난 학술·사상의 총칭을 가리키는 말로 송학·도학이라고도 한다. 주희의 주자학으로 대표되며 유교에 철학적 세계관을 부여하고 유교를 심성 수양의 도리로 확립한 새로운 학풍이었다.

던 것일까?

불교는 고통을 낳는 모든 문제를 마음의 문제로 돌리고 고통이란 마음의 집착[集]을 버리면 사라질 수 있다고 주장한다. 불교에 따르면 마음의 집착 중에서 가장 큰 것은 '자기 자신의 동일성에 대한 집착[我執]'이다. 이런 아집이 '외부 대상의 동일성에 대한 집착[法執]'을 낳는 것이다.

불교는 인간이 아집에서 벗어난다면 모든 고통으로부터 자유로운 완전자, 즉 부처가 될 수 있다고 본다. 불성佛性은 곧 인간이 스스로 아집에서 벗어날 수 있는 잠재성인 것이다. 그러나 송나라 시대의 유학자들은 과연 모든 문제를 마음의 문제로 돌릴 수 있는지 의심했다. 그들의 마음 바깥에는 가족과 국가가 엄연한 질서로 존재하고 있었기 때문이다.

맹자는 양주와 묵자 사상의 병폐를 가족질서와 국가질서를 부인하고 있다는 점에서 찾았다. 신유학 사상가들의 눈에는 불교 사상 역시 가족질서와 국가질서를 부정할 수밖에 없는 것으로 보였다. 그들은 유학 사상의 기초인 가족과 국가를 부정할 수 있는 불교 이론을 비판하기 위해 다음과 같이 생각했다.

> 가족이나 국가를 포함한 외부 사태는 마음 바깥에 엄연히 존재한다. 그리고 그것에는 나름대로의 이치[理]가 있다. 우리가 외부 사태와 그것의 법칙을 정확히 파악해서 우리 자신의 마음과 행동을 조율한다면 아무 문제도 일어나지 않을 것이다. 또한 법칙에 맞게 자신을 조율하려면 우리는 조율의 능력 혹은 법칙에 부합할 수 있는 잠재성이나 본성을 이미 가지고 있어야만 할 것이다.

주희 철학의 핵심, 성즉리 性卽理

송대의 신유학이나 신유학을 체계화한 주희 철학이 후대에 성리학性理學이라고 불린 것은 단순한 우연이 아니다. 그들 모두 인간 내면의 잠재성으로서의 '성性'과 인간 외부에 있는 사태들의 법칙으로서의 '이치理'가 같다고 주장하기 때문이다. '본성'과 '이치'가 매우 이질적인 것이라면 인간은 애초부터 세계와의 충돌을 면할 수 없고 고난과 고통의 삶을 살아갈 수밖에 없을 것이다. 이처럼 성즉리性卽理, 즉 '우리의 본성과 외부 사태의 이치가 같다'는 명제는 주희 철학 체계의 핵심테마가 된다.

앞에서 읽은 《주자어류》에는 흥미로운 문구 하나가 등장한다. 스승 주희와 문답하고 있는 제자의 입을 통해 등장하는 이천 정이 程頤, 1033~1107 선생의 말이다. 이천 선생은 주희가 평생 동안 의지했던 위대한 성리학자였다. 그는 불교에 대해 다음과 같은 말을 남긴다.

> 불교 이론이 이치에 가깝기[佛氏之言近理] 때문에 양주와 묵자보다 그 해가 심하다.

여기서 우리가 주목해야 할 것이 있다. 불교 이론 자체에 유학 이론과 유사한 면이 있다는 성리학자들의 생각이다. 도대체 유학 사상의 어느 부분이 성리학자들이 그토록 비판했

∷ 정이
중국 북송의 유학자. 형 정호와 함께 이정자(二程子)라고 일컬어지며, 성리학의 기초를 닦았다. 정주학의 창시자로 '이기이원론'의 철학을 수립하여 큰 업적을 남겼다.

	유학	불교
차이점	측은지심 등 네 가지 도덕 감정을 인간의 본성으로 봄	맑고 깨끗한 마음 상태를 인간 마음이 지닌 본성으로 봄
공통점	• 인간의 본성에 대한 이론을 갖추고 있음 • 내면을 살펴보는 수양 방법이 유사함	

던 불교 이론과 유사할까? 유학과 불교의 공통점은 양자 모두 인간의 본성[性]에 대한 이론을 가지고 있다는 데 있다. 여기서 우리는 맹자의 사유 체계가 유학 사상의 역사에서 얼마나 중요한 것이었는지 되짚어볼 수 있다. 그가 바로 유학 사상에 본성 이론을 도입시킨 장본인이기 때문이다.

불교가 모든 외부적인 사태를 마음으로, 나아가 불성으로 받아들인 것처럼 맹자도 유학의 가치 덕목인 인의예지를 사단이란 형식을 통해 마음의 본성으로 받아들였다. 그러나 양자가 인간의 본성이라고 생각했던 것은 분명히 달랐다. 불교가 '맑고 깨끗한 마음[淸淨心]'을 인간 마음이 지닌 본성으로 보았다면, 맹자는 측은지심 등 네 가지 도덕 감정을 인간의 본성으로 보았기 때문이다. 하지만 이런 차이점에도 불구하고 양자 모두 수양의 방법에서는 동일한 모습을 보였다. 불교나 맹자는 자신의 마음이 지닌 본성을 내성적으로 바라봄으로써 그 본성을 실현하려고 노력했기 때문이다.

주희는 마음의 본성을 기르고 나타내는 공부를 미발未發 함양涵養 공부라고 부른다. 미발이란 개념은 글자 그대로 아직 마음이 드러나지 않았을 때를 말하고, 함양이란 개념은 본성을 기르는 수양을 의미한다. 다음은 주희 본인의 이야기다.

> 생각이 아직 싹트지 않고 사물이 마음에 이르지 않은 때가 희로애락이 '아직 드러나지 않은(未發)' 상태입니다. 이러한 때에는 마음이 고요한 채로 있지만 여기에는 하늘이 부여한 '본성(性)'이 구비되어 있습니다. 여기에는 지나치거나 미치지 못하는 일이 없고 치우침과 기울어짐이 없으므로 그 상태를 일러 중中이라고 합니다. 이 마음이 느끼게 되어 천하의 온갖 사물과 소통하면 희로애락의 감정이 발동하여 거기에서 마음의 작용을 엿볼 수 있습니다. 발동한 감정이 절도에 맞지 않거나 어긋남이 없는 까닭에 그것을 일러 화和라고 합니다. 이는 사람 마음의 올바름과 본성과 감정의 덕이 그렇게 만든 것입니다. 그러나 미발未發의 상태가 어떠한지를 찾아내는 것이 불가능하고, 이미 깨달은 뒤에는 손을 써볼 도리가 없습니다. 다만 평소에 엄숙하고 공경하며 '함양涵養'하는 공부를 지극하게 하여 욕망의 사사로움이 그것을 어지럽히는 일이 없게 하면, 미발의 상태에는 거울에 먼지가 끼지 않은 것처럼 깨끗하고, 물이 흐르지 않아 고요한 것과 같고, 그것이 발동할 때에는 절도에 맞지 않는 때가 없을 것입니다.
>
> 《주희집(朱熹集)》〈호남의 여러 학자들에게 보내는 마음의 중(中)과 화(和)를 논하는 첫 번째 서신(與湖南諸公論中和第一書)〉

주희의 서신에 등장하는 '중中'이나 '화和' 개념은 《중용》이란 책에 다음과 같은 구절로 등장한다.

"기뻐하고 노여워하고 슬퍼하고 즐거워하는 감정이 드러나지 않은 상태를 '중'이라고 하고, 이런 감정들이 드러나 모두 절도에 맞는 상태를 '화'라고 한다."

우리는 사물과 사태를 만나기 이전에는 대부분 어떤 특정한 감정에 사로잡히지 않는다. 따라서 우리 마음에는 지나치거나 모자라는 감정이 존재하지 않는다. 주희는 이처럼 감정이 아직 드러나지 않은 상태를 '중'의 상태라고 부른다.

반면에 우리는 어떤 사태를 만났을 때 기뻐하거나 노여워할 수도 있고 슬퍼하거나 즐거워할 수도 있다. 문제는 감정들이 드러났을 때 절도에 맞게 하는 것이 매우 어렵다는 점이다. 지나치게 슬퍼하거나 혹은 부족하게 슬퍼할 수도 있기 때문이다. 예를 들어 아버지가 돌아가셨을 때 우리는 몸을 해칠 정도로 지나치게 슬퍼할 수도 있고, 아버지의 죽음에 대한 슬픔을 표현하기에는 너무 부족하게 슬퍼할 수도 있다. 이 경우 아주 적절히 아버지의 죽음에 맞게 슬퍼하는 것이 바로 '화'의 상태라고 말할 수 있다.

사실 이 논의는 이해하기 힘들 수 있다. 다만 여기서 중요한 것은 우리의 내면에 본성이 존재한다는 점이고 이 본성을 사태와 만나기 이전에도 키울 수 있다는 점이다. 이것은 맹자가 사단을 내성적으로 직관하여[思] 실현할 수만 있다면 인간은 누구나 성인이 될 수 있다고 본 것과 마찬가지다. 맹자의 본성에 대한 직관처럼 주희의 함양 공부도 일체의 외적인 학습을 필요로 하지 않는다. 확충의 공부이든 함양의 공부이든 주체 자신은 자신의 내면 깊숙이 존재하는 본성을 관조하기만 하면 되기 때문이다. 그렇다면 맹자나 주희가 권하는 수양의 방법은 불교와 너무 유사하지 않은가? 불교에서도 수양을 하기 위해 외부에 대한 관심을 끊은 채 벽을 바라보면서 내면의 불성, 즉 맑고 깨끗한 마음을 직관하려 하지 않는가? 바로 이런 점 때문에 정이는 "불교 이론이 이치에 가깝다"고 말했던 것이다. 그럼 어떻게 해야 유학이 불교 이론으로부터 달라질 수 있겠는가? 주희는 이 문제를 풀기 위해 본성 이외에 이치[理]라는 개념을 도입했던 것이다.

인간과 사물 안의 태극

유학 체계를 불교와 구별되도록 구성하려는 노력은 주희에 의해 완성된다. 그의 철학 체계는 상당히 복잡하고 난해하지만 이해 불가능한 것은 아니다. 그의 발상 중 핵심은 인간에게만 본성이 있는 것이 아니라 사물에게도 그들만의 본성이 있다는 주장에 있다. 주희는 이를 통해 본성에 관한 맹자의 논의를 수용하고 불교와 다른 유학의 면모를 구성하려고 했다. 흥미로운 것은 주희가 사물의 본성이 기본적으로 인간의 본성과 같다고 주장한다는 점이다. 주희는 자신의 주장을 정당화하기 위해 주돈이 周敦頤, 1017~1073의 〈태극도설 太極圖說〉을 강조한다. 〈태극도설〉은 만물들이 어떻게 태극으로부터 생성되었는지를 설명하는 짧은 단편이다.

주돈이 선생[周子]이 말하였다.

∷ 주돈이
중국 송나라의 유학자. 자는 무숙, 호는 염계이다. 간단명료하고 체계적인 형이상학을 통해 유교 이학의 기초를 세웠는데, 그의 사상은 이후 주희가 보다 체계적으로 성리학을 전개하는 데 바탕이 되었다.

"(변화에는) 궁극의 고정된 원리가 없으면서도[無極] 최고의 원리[太極]가 있다. 태극은 운동하여 양陽을 낳는다. 운동이 극단에 이르면 정지한다. 그것은 정지하여 음陰을 낳는다. 정지 상태가 다하면 다시 운동한다. 한 번은 운동하고 한 번은 정지하는 것이 순환하여 서로 그 뿌리가 된다. 순환과정에서 음으로 갈라지고 양으로 갈라져 음양의 두 짝이 세워진다. 양이 변화하고 음이 그것과 결합하여 수·화·목·금·토의 오행五行을 낳는다. 이 다섯 가지 기氣가 순조롭게 펼쳐질 때 사계절은 질서 있게 운행된다. 오행은 곧 음양의 한 체계이고, 음양은 태극의 한 체계이다. 태극은 본래 무극이다. 음양으로부터 오행이 구성되면 그것들은 각각의 특수한 본성을 가진다. 무극의 실재와 음양·오행의 본질은 신묘하게 결합하여 통합된다. '하늘의 도[乾道]'는 남성적인 요소를 이루고 '땅의 도[坤道]'는 여성적인 요소를 이루면서 음양의 두 기氣는 서로 교감하여 만물을 변화 생성시킨다. 그리하여 만물은 생성되고 또 생성되어 변화가 끝이 없는 것이다."

《주돈이집》〈태극도설(太極圖說)〉편

〈태극도설〉은 '궁극의 고정된 원리가 없으면서도 최고의 원리가 있다[無極而太極]'는 구절로 시작된다. 주희는 '무극이태극無極而太極'이라는 표현을 '무형이유리無形而有理'라고 이해하며 '무극無極'이란 표현을 하나의 수식어에 불과하다고 해석한다. 다시 말해 주희는 '무극이태극'이라는 말을 '감각적으로 확인할 수 있는 형체는 없지만 이치는 있다'는 의미로 이해한다. 이렇게 해서 태극은 이치가 되며, 이 이치의 자기 전개로 세상의 모든 만물이 발생하게 되었다는 우주 발생론이 탄생한 것이다. 그렇다면 인간 외부의 모든 사물들도 동일한 이치의 자손들일 수밖에 없게 된다.

여기서 흥미로운 것은 주희의 독특한 생각이다. 그는 태극이 만물을 낳지만 동시에 자신이 낳은 만물들 속에 태극이 내재한다고 사유한다.

> 남녀를 살펴보면, 남녀가 각각 그 본성을 가지고 있지만 동시에 남녀도 하나의 태극이다. 만물을 살펴보면, 만물들이 각각 그 본성을 가지고 있지만 만물들도 하나의 태극이다. 합쳐서 말한다면 만물을 총괄하는 것이 하나의 태극이다. 또 나누어 말한다면 각각의 사물이 하나의 태극을 갖고 있는 것이다.
>
> 《태극도설해(太極圖說解)》

태극과 만물의 관계는 이해하기 힘들어 보이지만 생물학적인 비유로 충분히 설명이 가능하다. 예를 들어 암탉이 병아리를 낳는다고 할 때 암탉은 태극을, 병아리는 만물을 상징한다. 그러나 병아리는 나중에 암탉이 되어 새로운 병아리를 낳을 수 있다. 이 점에서 병아리는 암탉을 갖추고 있다고 말할 수 있을 것이다.

결국 주희에게 태극(이치)은 존재론적으로 두 가지 의미로 구별될 수 있다. 하나는 만물을 초월하고 있으며 만물들을 발생시키는 태극이고, 다른 하나는 만물에 내재하는 태극이다. 주희를 포함한 성리학자들은 두 가지 태극의 관계를 그 유명한 월인천강月印千江의 비유로 설명하곤 했다.

밤하늘에 달이 하나 밝게 빛나고 있지만 천 개의 강 속에도 그

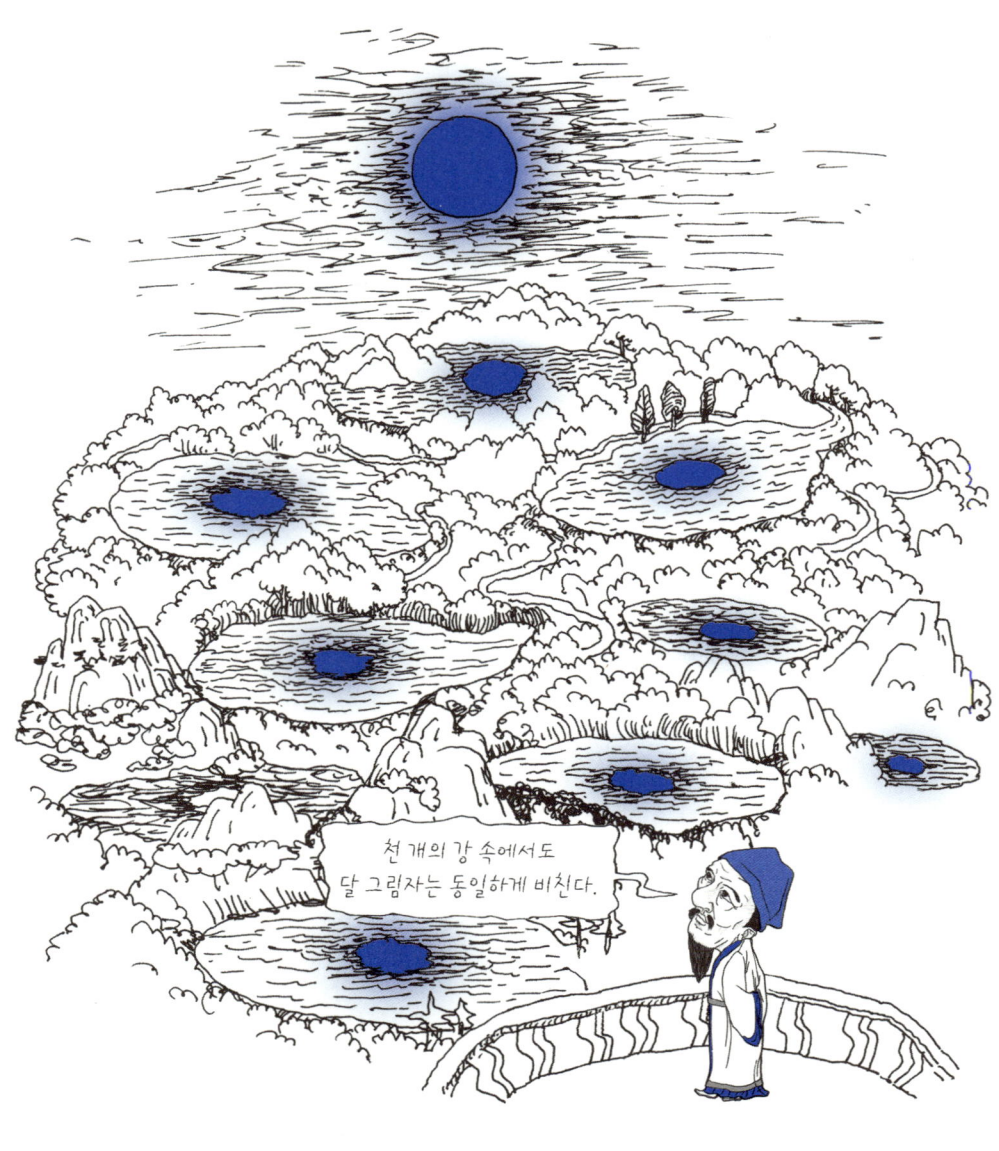

달의 그림자가 동일하게 비추고 있다. 여기서 하늘에 떠 있는 달이 초월적인 태극을 상징한다면 천 개의 강 속에 있는 달그림자는 바로 내재적인 태극을 상징한다. 주희가 월인천강을 끌어들여 말하고자 했던 것은 철학적으로 이일분수理一分殊라고 설명된다. 다시 말해 '이치는 근본적으로 하나지만, 다양한 만물들 속에서 다양하게 실현된다'는 것이다.

월인천강의 비유가 중요한 이유는 주희의 유명한 존재론, 즉 이기론理氣論을 명확하게 설명해주기 때문이다.

> 이런 기氣가 있다면 도리(이치)는 곧 그 안에 내재되어 있다. 이런 기氣가 없다면 도리道理는 있을 곳이 없게 된다. 이것은 마치 물속에 달이 있는 것과 같다. 이 물이 있기 때문에 하늘 위의 달을 비출 수 있으니, 만약 이 물이 없다면 결국 물에 비친 달도 없게 될 것이다.
>
> 《주자어류(朱子語類)》 60번째 권

달그림자의 비유와 관련하여 우리는 다음과 같이 세 요소를 구별할 수 있다. 첫 번째 요소가 하늘 위의 달이라면 두 번째 요소는 물(그릇), 세 번째 요소는 물그릇에 비친 달그림자다. 이로부터 우리는 주희의 존재론을 어렵지 않게 재구성해볼 수 있을 것이다. 하늘 위의 달이 '초월적인 태극(이치)'을, 물그릇 자체가 '기(개체)'를, 그리고 물그릇에 비친 달그림자가 '내재적인

∷ 이일분수

모든 사물은 개별의 이를 구비하고 있으며 그 개별적 이는 보편적인 하나의 이와 동일하다는 불교의 화엄사상을 근거로, 유교적 도덕으로 재정립하여 만든 성리학 이론이다. 정이와 주희가 그 이를 확립하였다..

태극(본성)˙을 상징하기 때문이다.

아직도 많은 사람들이 주희의 이치를 플라톤의 형상˙과 유사한 것으로, 그의 기를 무규정적인 질료matter와 같은 것으로 오해하고 있다. 오해를 바로잡기 위해선 먼저 플라톤이 말한 형상과 질료를 이해해야 한다. 여기 모래가 있다면 우리는 그 모래를 가지고 모래성을 만들 수 있고 그것은 두 가지 요소로 구성된 것이라고 설명할 수 있다. 하나는 아무런 모양도 없었던 모래라는 질료이고 다른 하나는 모래성이라는 형상이다. 내 앞에 있는 구체적인 모래성은 바로 이 두 요소, 즉 질료와 형상으로 구성된 것이다.

그렇다면 주희의 기가 플라톤의 질료로 번역 가능한지의 여부에 따라 두 사람의 사유가 유사한지 아닌지 판단할 수 있을 것이다. 우리는 어렵지 않게 기가 질료로 번역될 수 없다는 점을 이해할 수 있다. 왜냐하면 플라톤의 질료란 어떤 모양도 가지지 않는 무규정적인 무엇을, 반대로 주희의 기란 이미 어떤 모습을 가지고 있는 다양한 개별자들을 가리키기 때문이다. 다시 말해 만들어진 모래성 자체가 주희의 기에 해당된다고 볼 수 있다.

∷ 플라톤의 형상

플라톤의 핵심적인 철학적 개념으로, 이데아라고도 한다. 플라톤은 감각으로 지각되는 외부의 세계는 시시각각 변하므로 신뢰할 수 없지만, 지성으로 파악할 수 있는 모든 것의 원형인 이데아가 있어 그것들은 영원하고 불변적이라고 보았다. 즉 세상의 모든 사물과 개념은 진실한 형상(이데아)의 모방에 불과하다는 것이다. 예를 들어 사람들이 의자를 인지할 수 있는 것은 불변의 '의자의 이데아'라는 보편자가 존재하기 때문이다. 플라톤의 이데아 개념은 주희의 '이' 개념과 통한다고 해석하기도 했는데, 사실 이 양자는 근본적인 차이가 있다. 주희는 의자의 '이'는 '인간이 앉는 데 있다'고 했다. 이 두 개념을 비교해볼 때, 플라톤의 '형상'은 그 사물 자체의 고유한 속성에 초점을 맞춘 반면, 주희는 인간과 사물 사이의 관계를 맺는 양상을 '이'로 파악했다는 점이다.

주희는 보통 초월적인 태극을 이치라고 부르고, 내재적인 태극을 본성이라고 부른다. 물론 주의해야 할 것은 주희가 개별적인 사물들에 대해서도 이치라는 용어를 사용한다는 점이다. 하지만 월인천강의 비유를 염두에 둔다면 우리는 다음과 같은 주희의 이기론理氣論을 어렵지 않게 이해할 수 있을 것이다.

> 이 세상에는 이치[理]도 있고 기氣도 있다. 이치라는 것은 감각적으로 확인될 수 없는 도道이자 만물을 낳는 근본이다. 기라는 것은 감각적으로 확인될 수 있는 형기[器]이자 만물을 낳는 도구이다. 그러므로 사람과 사물들이 태어날 때, 이들은 이치를 받은 후 본성性을 갖게 된다. 그리고 기를 받은 후 형체[形]를 갖게 된다.
>
> 《주희집》〈황도부에게 답하는 서신(答黃道夫書)〉

주희의 이치는 모든 만물이 동일하게 지니고 있다는 일자성一者性의 원리를, 기는 모든 개별자들을 다른 것과 구별시키는 개별성의 원리를 의미한다. 다시 말해 이치는 통일의 원리이고 기는 구별의 원리인 것이다. 바로 이 통일의 원리로서의 이치가 만물에 내재될 때 내재적 태극, 즉 본성이라고 일컫는다.

주희의 이기론은 그 자체로도 세계를 이해하는 흥미로운 방식이다. 하지만 더 중요한 것은 인간의 본성을 인간만이 아니라 인간 바깥의 모든 만물들이 공유하게 되었다는 점이다. 인간을 포함한 만물은 모두 태극의 자식들이기 때문이다. 따라서 이 본성을 현실화시킬 수 있다면 이 세계의 만물과 하나의 '가족'이 될 수 있는 조화롭고 통일된 관계가 가능해질 것이다. 세계 안에서 살고 있는 모든 존재, 인간뿐 아니라 모든 사물이 하나의 가족이라는 생각은 성리학자들의 고유한 발상이다.

사물을 탐구하여 본성을 깨닫는 방법

이제 인간의 본성은 성리학자들에 이르러 단순히 인간만의 본성이 아니게 되었다. 그것은 정확히 이 세계 모든 만물들이 공유한 동일한 본성, 즉 세계의 본성이다. 이들로 인해 맹자의 사유는 유학으로서의 자기 자리를 되찾게 된다. 맹자가 강조했던 본성이 주희에게 있어서는 인간의 내재적 태극을 의미하기 때문이다. 불교가 모든 외적인 것들을 마음으로 돌린 것과는 달리 성리학은 마음 바깥의 세계를 긍정한다.

그런데 맹자와 주희의 사유는 분명히 비슷하지만 다르기도 하다. 그들 모두 인간 내면에 존재하는 본성을 내성적으로 바라보고 키운다면 성인聖人이 될 수 있다고 주장한다. 그러나 주희는 본성에 대한 맹자의 논의가 불교의 논의와 유사해질 수 있는 측면을 막으려고 노력했다.

주희에게는 본성을 실현할 수 있는 두 가지 방법이 존재한다. 하나는 마음이 아직 드러나지 않을 때 주체가 자신의 본성을 길러내는 내성적인 방법이고, 다른 하나는 외부 사물과 사태들의 본성 혹은 이치를 파악하는 외향적인 방법이다.

주희는 외향적인 공부 방법을 격물치지格物致知라고 말한다. 그에게 있어 격물치지란 '사물의 이치[理]를 파악해서 내 마음의 앎을 완성하는' 공부를 말한다. 흔히 주희의 격물치지를 객관적이고 과학적인 탐구라고 오해하지만 이는 사실과 다르다. 주희에게 초월적 태극으로서의 이치는 인간에게나 사물에게나 동일한 상태로 부여되었기 때문이다.

> 앎을 이루는 것[致知]이 사물을 연구함[格物]에 달려 있다고 말한 것은, 나의 앎을 이루고자 한다면 사물에 나아가 그 이치를 깊이 연구해야 한다는 뜻에서다. 사람 마음의 영특함에는 앎이 없을 수가 없고, 이 세상의 사물들에는 이치가 없을 수 없다. 단지 이치에 대해 아직 연구하지 않았기 때문에 인간의 앎도 다 실현하지 못한 것이 있는 법이다. 이 때문에 대학大學, 과거 중국의 고등교육기관에서 처음 가르칠 때 반드시 배우는 사람들로 하여금 천하의 사물들에 근거해서, 나아가 자신이 이미 알고 있는 이치에 근거해서 더욱 연구하여 지극함에 이르도록 했던 것이다. 그런 식으로 오래 공부하면 어느 날 '갑자기 비약적으로 이치를 깨닫게 될 것[豁然貫通]'이다. 그렇게 되면 만물들의 '겉과 내면[表裏]', '정밀한 것과 거친 것[精粗]'을 모두 파악하게 되고, 동시에 우리 마음의 '온전한 본래 모습[全體]'과 '커다란 작용[大用]'이 모두 밝혀질 것이다.
>
> 《대학장구(大學章句)》

이치에 대한 연구가 내 마음을 밝힐 수 있기 위해서는 우선 사물들의 이치와 내 마음의 본성이 같은 것이어야만 한다. 마음의 '온전한 본래 모습'이란 우리가 가지고 있는 본성의 모습을 의미한다. 그리고 만물들의 '내면[裏]'과 '정밀한 것[精]'은 만물들이 가지고 있는 본성, 즉 그들의 이치를 말한다. 그런데 어떻게 인간의 본성과 사물의 이치가 같을 수 있을까? 이 문제를 이해하기 위해 다시 한 번 월인천강의 비유를 생각해보자.

지금은 달 밝은 밤이다. 우리는 직접 달을 볼 수 없고, 물그릇에 비친 달그림자만을 볼 수 있다. 물그릇 안을 보았을 때 우리는 처음에 그 밝은 달이 마치 물속에 있는 것처럼 생각할 수도 있다. 그러나 계속 물그릇에 비친 달을 바라보고 있으면 우리는 물속에 있는 달이 스스로 존재하는 것이 아니라 우리 머리 위에 환한 빛을 발하고 있는 달의 그림자임을 알게 된다. 바로 이 순간이 주희가 "어느 날 갑자기 비약적으로 이치를 깨닫게 된다"고 표현했던 순간이다. 그리고 이어서 달이 내가 보고 있는 물그릇만 비추는 것이 아니라 우리 자신도 비추고 있음을 깨닫게 된다. 이것이 바로 주희가 의도했던 격물치지 공부의 결과다.

인仁으로 세계정신을 나타내다

주희는 세계의 본성으로서의 태극은 세계와 만물을 만들어내는 힘을 가지고 있다는 점에 착안하여 다음과 같은 거대한 생성[生]의 형이상학을 구성했다.

이 세계는 '만물들을 낳는 것[生物]'을 마음으로 삼고 있다. 그리고 사람과 사물들은 각각이 '세계의 마음[天地之心]'을 얻어 그것을 마음으로 삼고 있다. 그러므로 마음의 덕을 말하면, 비록 그것이 모든 것을 포괄해서 갖추고 있지 않음이 없으나 한마디로 말하면 '인仁'일 따름이다. 시험 삼아 자세히 논의해보도록 하자. 대개 이 세계의 마음의 경우 그 덕에는 '원·형·이·정元·亨·利·貞'네 가지가 있지만 '원元'이 이 네 가지에 모두 작용하고 있다. 그리고 그 운행에는 봄·여름·가을·겨울이란 순서가 있지만 봄의 낳으려는 기氣는 봄·여름·가을·겨울에 모두 작용하고 있다. 그러므로 사람의 마음의 경우, 그 덕에는 '인·의·예·지仁·義·禮·智'네 가지가 있지만 인仁이 이 네 가지에 모두 작용하고 있다. 그리고 그것의 드러남에는 '측은지심', '사양지심', '수오지심', '시비지심'네 가지가 있지만 '측은지심'이 이 네 가지에 모두 작용하고 있다.

《주희집》〈인설(仁說)〉편

세계가 생겨나기 이전에 이미 존재하는 하나의 절대적인 정신, 즉 세계정신의 목적은 만물들을 생성하는 데 있다. 주희는 만약 세계정신이 존재하지 않았다면 만물들은 이 세계 속에 결코 존재할 수 없었다고 본다. 이런 점에서 세계정신은 모든 만물들의 존재 근거라고 말할 수 있다.

이렇게 태어난 만물들은 모두 세계정신을 가지고 있고 만물들을 생성하는 것을 자신들의 목적으로 삼는다. 결국 만물들이 제각각 후손을 생성할 수 있는 것은 기본적으로 그들 안에서 세계정신이 계속 작동하기 때문이다.

우리는 원초적인 세계정신을 '초월적 태극'이라고 했고, 만물 안에 내재된 세계정신을 '내재적 태극'이라고 규정한 바 있다. 월인천강의 비유를 다시 적용해보면 세계와 만물들이 생기기 이전에 만물들을 생성하려는 순수한 목적을 가진 세계정신이 바로 하늘에 떠 있는 달을 의미한다. 만물들 안에서 작동하면서 만물들로 하여금 부단히 후손들을 낳게 해주는 세계정신은 물그릇에 들어가 있는 달그림자라고 볼 수 있다. 주희는 초월해 있든 아니면 내재해 있든 관계없이 세계정신을 항상 인仁이라고 규정한다. 공자, 맹자와는 달리 주희에게 있어 인은 이제 기본적으로 생성이라는 의미를 지니게 된 것이다.

세계의 본질은 '원·형·이·정'이라는 네 요소로 설명될 수 있다. 그중 원이 특이한 위상을 갖는 것은 네 요소 중 하나이면서 동시에 나머지 요소들에 작용하고 있기 때문이다. 《주역周易》에 나오는 원형이정을 고증학자들은 '크게[元] 제사를 지낼[亨] 만하고 점을 치면[貞] 크게 이로울[利] 것이다'는 의미로 해석한다. 하지만 주희는 원형이정을 세계 본질의 순수한 네 요소로 해석했다.

주희의 이런 논법이 이상해 보일 수도 있다. 그러나 세계의 본질들이 실현되는 모습을 살펴보면 그가 말하고자 했던 것을 이해할 수 있다. 세계의 본질은 '봄·여름·가을·겨울'로 실현된다. 그렇다면 우리는 다음과 같이 생각해볼 수 있을 것이다. 원형이정이란 각각 봄·여름·가을·겨울을 규정하는 세계 본질의 네 요소라고 말이다. '원'과 마찬가지로 '봄'은 하나의 계절이지만 동시에 나머지 세 계절에 작용하고 있다. 봄이 지닌 '따뜻함', '태어남' 등의 이미지와 가장 먼 계절이 바로 '겨울'이다. 하지만 겨울의 혹독한 추위도 머지않아 봄의 따뜻함으로 변화하지 않는가? 주희는 이런 점 때문에 곧 겨울 안에도 봄의 계기가 미리 존재한다고 생각했던 것이다.

주희는 인간의 본질(본성)을 인·의·예·지라는 네 요소로 설명한다. 세계의 구조가 인간의 구조 속에서 되풀이될 수밖에 없는 것은 인간이 세계정신으로부터 생성되었고, 이 세계정신이 바로 인간의 정신 속에 내재해 있기 때문이다. 따라서 인의예지 중 인은 스스로 인간의 본성을 이루는 하나의 요소이면서 동시에 다른 세 요소에 작용하는 것이다. 이 패턴은 인간 본성의 네 요소가 실현된 양태인 측은지심, 사양지심, 수오지심, 그리고 시비지심에서도 반복된다.

측은지심은 하나의 마음이지만 동시에 다른 세 가지 마음에 작용한다. 예를 들어 시비지심은 측은지심이라는 동정심과 가장 멀리 있는 것처럼 보인다. 타인의 잘잘못을 판단하고 평가하는 마음이기 때문이다. 그러나 주희는 다른 사람에 대해 옳음과 그름을 따지는 마음 안에는 그 사람에 대한 측은지심이 전제되어 있다고 생각한다. 부모님이나 선생님이 자식이나 제자의 잘못을 지적하는 것은 그들에 대한 애정 때문이라는 것이다.

주희와 맹자의 유사점은 인의예지를 인간의 본성으로 이해했다는 데 있고, 다른 점은 주희가 인이나 측은지심을 다른 본성의 요소들이나 다른 마음들에 비해 존재론적으로 우월한 것이라고 간주한 데 있다. 여기서 우리는 공자, 맹자, 그리고 주희로 이어지는 유학 사상의 흐름에서 드러나는 미묘한 변화들을 감지할 수 있다.

공자에게 예는 인보다 더 근본적인 가치 덕목이었으며, 인간의 마음 바깥에 있는 사회 규범이었다. 인간은 인仁할 수 있기 위해서는 반드시 예를 우선 학습해야만 했다. 반면 맹자는 인과 예를 동일한 본성으로 봄으로써 사실상 예의 위상을 한 단계 낮추었다. 이는 그가 사단 중 측은지심을 가장 강조했다는 점, 그리고 그의 정치철학적 이념 자체가 '예치禮治'가 아닌 '인정仁政'이었다는 점에서도 간접적으로 확인된다. 참고로 앞에서 살펴보았던 것처럼 순자는 다시 예를 강조하면서 예치를 주장했던 사상가였다.

그리고 주희는 인을 강조했던 맹자의 노선을 더 멀리 밀고 나간다. 주희에게 인은 단순히 인간 본성의 요소 중 하나가 아니었다. 그것은 압도적인 우월성을 가지면서 동시에 인간을 넘어선 세계 본질 또는 세계정신이 되었기 때문이다.

만남 6

실학자 정약용의 공맹 읽기

주자학을 비판한 정약용

동양 삼국에 있어 17세기부터 19세기까지는 동요의 시대였다. 그 밑바탕에는 서양 문명과의 마주침—총포로 무장한 함대였든, 십자가를 메고 온 신부들이었든, 아니면 해외 무역을 도모했던 상선이었든 간에—이 있었다. 중요한 것은 이런 마주침을 통해 동아시아인들이 자신의 삶과 사유를 비판적으로 볼 수 있는 거리감을 확보할 수 있었다는 점이다.

다른 세계가 있다는 사실, 그 세계가 문명적이라는 자각은 의식적이든 무의식적이든 중국 중심의 세계관에서 벗어나는 계기가 될 수밖에 없었다. 중심의 동요는 철학적으로 당시 동아시아 지식인들을 지배하던 성리학의 동요로 이어졌다. 한 가지 흥미로운 점은 당시 동아시아의 비판적인 지식인들이 모두 성리학을 '불교적'이라고 비판했다는 점이다. 중국 실학의 대표자 대

∷ 대진

대진은 성리학으로부터 벗어나려는 실학운동을 철학적으로 정당화한 유학자였다. 그는 성리학자들이 존재하는 대상으로 해석한 추상적이고 초월적인 이치[理]의 관념을 매우 강도 높게 비판했다.

∷ 이토 진사이

이토 진사이는 에도시대의 유학자였다. 중국의 대진이나 조선의 정약용과 마찬가지로 이토 진사이는 성리학의 이론 체계가 공자와 맹자의 사상과는 차이가 있으며 아울러 성리학이 노자나 장자의 도가 사상이나 불교의 견해에 근거한다고 생각하였다.

진戴震, 1723~1777도 그랬고, 한국 실학의 대표자 정약용도 그랬으며, 일본 고학古學의 대표자 이토 진사이伊藤仁齋, 1627~1705 역시 마찬가지였다.

아이러니한 것은 주희에 의해 체계화되었던 성리학 자체가 유학 전통이 지닌 '불교적' 요소를 극복하기 위해 나타났다는 사실이다. 맹자의 사유 방향이 불교와 구조적으로 구별되기 어렵다는 것은 앞에서 설명한 바 있다. 주희는 맹자가 인간의 본성이라고 생각했던 인의예지, 그중에서도 특히 인을 세계의 본성으로까지 넓힘으로써 유학이 불교와 유사해지는 것을 극복하려고 했는데, 이런 철학적 시도가 체계화된 것이 바로 성리학이다. 그렇다면 유학은 성리학을 통해 불교로부터 완전히 벗어날 수 있게 된 것일까?

정약용은 단호하게 아니라고 주장했다. 불교적이지 않으려고 했던 성리학의 핵심은 주희의 《사서집주四書集注》에 응축되어 있고, 이를 통해 주자학이 후학들에게 계승될 수 있었다. 이런 점에서 정약용이 《대학》, 《중용》, 《맹자》, 《논어》를 풀이한 책을 다시 쓴 것은 단순한 고증학적 작업만은 아니었다. 왜냐하면 정약용의 해석이 사서를 불교적으로 해석한 주자학에 대해 강력한 선전포고의 의미를 지니고 있었기 때문이다.

후세의 학문(성리학)은 형체가 없는 것, 형체가 있는 것, 영명한 것, 어리석은 것들 등 모든 만물을 하나의 이치(理)에 귀속시킨다. 크든 작든 중심적이든 부수적이든 간에 만물은 '하나의 이치(태극)'로부터 시작되어 만 가지로 흩어져 다르게 생성되었지만 끝내는 다시 이 '하나의 이치'로 합해진다는 것이다. 이것은 조주라는 선사禪師가 말한 "모든 존재들은 하나로 귀속된다"는 불교 이론과 조금의 차이도 없는 것이다. 대부분의 성리학자들은 어렸을 때 선학(선불교)에 빠졌었는데, 그들이 유학으로 다시 돌아온 뒤에도 본성과 이치에 관한 불교이론을 따르지 않았던 적이 없었다. 그러므로 성리학자들이 "불교의 이론은 이치에 더욱 가까워서 크게 진리를 어지럽힌다"고 말하기도 했지만, 이미 "이치에 크게 가깝다"고 말했던 것으로 미루어 보아 불교이론에서 그들이 얻은 것이 있었다는 점을 어렵지 않게 알 수 있다.

《맹자요의(孟子要義)》

정약용이 무엇보다도 먼저 주목한 것은 이 세계가 형체 있는 것, 형체 없는 것, 인간과 같이 사유하는 것, 그렇지 못한 것(동물)들을 포함한 너무나 이질적인 존재들로 가득 차 있다는 점이었다. 그런데도 성리학은 이 모든 상이한 만물을 하나의 이치, 즉 '태극'으로 환원시켰다. 성리학은 인간 밖의 만물도 나와 동등한 본성을 가지고 있는 것으로 긍정한다는 점에서 불교의 유아론적 경향을 벗어난 것처럼 보인다.

정약용. 성리학의 불교적 요소를 비판하여 사서를 새롭게 해석했다.

그러나 정약용은 유학이 진정으로 불교적인 유아론을 벗어나기 위해서는 인간 밖의 사물들을 다양성에 입각해 긍정할 수 있어야만 한다고 보았다. 다시 말해 동물에게는 동물만의 본성이 있고, 식물에게는 식물만의 본성이 있다는 점이 인정되어야 한다는 것이다. 하지만 성리학은 동물과 식물의 이치가 같다고 주장하고, 나아가 동식물과 사람의 본성이 같다고 주장한다. 이는 모든 만물들의 이치를 사람의 본성으로 받아들이는 것에 지나지 않는다.

사물의 본성에는 세 가지 등급이 있다. 초목의 본성에는 생명이 있으나 지각이 없다. 금수의 본성에는 생명이 있는 위에 또한 지각이 있다. 우리 인간의 본성에는 생명과 지각이 있으면서 다시 영험靈驗이 있고 선善이 있다. 이들 세 가지 등급은 확연히 서로 다르다. 그에 따라 그들 각각의 성性을 실현하도록 하는 방법 또한 서로 현격히 구별된다. 풀·나무는 그 생명의 성을 다하도록 하면 그 성이 다하게 된다. 길짐승·날짐승은 모태나 알에서 출생하며 날아다니거나 뛰어다니는 등의 성을 다하도록 하면 그 성이 다 이루어지게 된다. 성인이 사물의 성을 다하도록 하는 일은 바로 이렇게 하는 것에 지나지 않는다. 어찌 말과 소, 염소와 돼지로 하여금 어버이를 가까이 사랑하고 어른을 공경하도록 하여 사람이 할 일을 하게 만들 수 있겠는가? 주자가 "인간과 사물의 성은 모두 같다"고 한 것은 성을 받는 것이 하늘에 근원한다는 것을 말한 것이다. 그가 언제 날짐승·길짐승을 가르쳐서 사람이 되도록 할 수 있다고 말하였는가?

《중용강의보(中庸講義補)》

정약용은 성리학이 인간도 긍정하고 사물도 긍정하는 것만으로는 불교적 유아론으로부터 벗어날 수 없다고 보았다. 그에게 중요한 것은 인간뿐 아니라 모든 만물들에게 그들만의 고유한 본성을 긍정할 수 있도록 해주는 것이었다. 이것이 바로 유학이 불교와 거리를 둘 수 있는 방법이었다.

그렇다면 월인천강의 비유로 정당화되는 주희의 두 가지 수양 방법 중에서 격물치지는 그 정당성을 상실하게 된다. 만약 사물들의 이치가 나의 본성과 같다면 외향적으로 탐구할 필요가 없기 때문이다. 따라서 주희에게는 이제 내면의 본성을 함양하는 내향적 공부만이 남겨지게 된다. 정약용은 주희의 함양 공부, 즉 미발 공부에 대해서는 어떻게 생각했을까?

선한 마음에서 선한 행동으로

주희는 우리가 미발 공부를 통해 본성을 내성적으로 직관하고 기를 수 있다고 생각했다. 그가 말하는 미발이란 마음이 아직 드러나지 않은 공간 또는 때를 말한다. 따라서 우리의 일상적인 생각 또한 아직 드러나지 않은 때일 수밖에 없었다. 정약용이 주희의 미발 공부를 비판하는 이유가 바로 여기에 있다.

미발未發이란 기쁨, 노여움, 슬픔 그리고 즐거움만이 아직 드러나지 않았다는 것이다. 어찌 말라 죽은 나무와 꺼진 재처럼 어떤 사려도 없어서 마치 선불교에서 참선에 들어가는 것과 같은 것이겠는가! 기쁨,

> 노여움, 슬픔 그리고 즐거움이 비록 아직 드러나지 않았다 할지라도, 이런 마음 상태에서 우리는 삼갈 수도 있고 두려워할 수도 있다. 이치를 탐구할 수도 있고 의로움을 생각할 수도 있으며 이 세상의 변화도 헤아려 볼 수 있다.
>
> 《중용강의보》

정약용은 먼저 우리에게 《중용》 원문을 일체의 선입견 없이 읽어보라고 권한다.

> 기뻐하고 노여워하고 슬퍼하고 즐거워하는 감정이 '아직 드러나지 않은 상태[未發]'를 '중中'이라고 한다.

정약용은 다시 묻는다. 진정으로 미발에서 아직 드러나지 않는 것은 무엇인가? 《중용》 원문에는 '기쁨·노여움·슬픔·즐거움 喜·怒·哀·樂'이 아직 드러나지 않았다고 쓰여 있다. 그 밖의 다른 감정들과 인간의 사려에 대해서는 '아직 드러나지 않았다'고 쓰지 않은 것이다. 정약용에 의하면 우리 인간은 이 미발의 상태에서 삼가고 두려워하는 감정도 가질 수 있고, 사물들의 이치나 인간의 윤리에 대해 생각할 수도 있다. 미발은 단지 기쁨·노여움·슬픔·즐거움의 감정만이 없는 상태이기 때문이다.

주희는 미발 공부를 통해 생각을 포함한 일체의 인간적 작용들을 무시하고 내면 깊숙이 존재하는 본성을 직관하고자 했다. 그러나 주희의 생각은 불교의 참선 공부와 너무 유사하지 않은가? 불교에서는 마치 죽은 것처럼 마음의 작용을 억제하여 내 마음속에 있는 맑고 깨끗한 청정심淸淨心을 실현하라고 하기 때문이다.

정약용은 주희뿐만 아니라 맹자의 사유 안에서 꿈틀거리고 있는 유아론적 경향 자체를 비판하고 있는 셈이다. 그에게 미발의 공간은 더 이상 본성과 주체 사이의 내밀하고 사적인 독백의 공간이 아니다. 정약용에게 미발의 공간이란 주체가 외부 사물들의 이치와 인간의 윤리를 생각하는 공간, 그리고 자기 자신을 반성하는 공간이 된 것이다. 그렇다면 맹자나 주희가 인간의 내면에 존재한다고 했던 인의예지라는 본성은 어떻게 이해해야 할까? 이 부분에서 정약용은 자신만의 탁월한 철학적 감수성을 보여준다.

인의예지仁義禮智의 명칭은 반드시 행사行事 이후에 성립된다. 어린아이가 우물에 빠지려 할 때 측은지심이 생겨도 가서 구해주지 않는다면, 그 마음의 근원만을 캐 들어가서 '인仁'이라 말할 수 없다. 한 그릇의 밥을 성내거나 발로 차면서 줄 때 수오지심이 생겨도 그것을 버리고 가지 않는다면, 그 마음의 근원만을 캐 들어가서 '의義'라 말할 수 없다. 큰 손님이 문에 이르렀을 때 '공경지심'이 생겨도 맞이하여 절하지 않는다면, 그 마음의 근원만을 캐 들어가서 '예禮'라 말할 수 없다. 선한 사람이 무고誣告를 당했을 때 시비지심이 생겨도 분명하게 분별해주지 않는다면, 그 마음의 근원만을 캐 들어가서 '지智'라 말할 수 없다.

《맹자요의》

위의 구절은 정약용의 사유를 이해하는 중요한 단서가 된다. 어린아이가 우물에 빠지려고 할 때 인간에게는 항상 측은지심이라는 동정심이 생기는데, 맹자나 주희는 이 측은지심이 인간 본성의 실현이라고 강조한다. 따라서 그들에게는 측은지심이 마지막 '결과'이고 인간 본성이 '원인'이 되는 셈이다. 그러나 정약용은 측은지심을 결과라고 생각하지 않는다. 오히려 인간의 윤리적 행동의 처음 원인이라고 생각한다. 그가 주희로부터 근본적으로 달라지는 부분이 바로 이 지점이다. 다시 말해 어린아이가 우물에 빠지려고 할 때 측은지심은 하나의 도덕 감정으로 발생하지만, 그것은 본성의 완전한 실현이 아니라 인간을 윤리적으로 행동하게 만드는 하나의 시작점에 지나지 않는다는 것이다. 만약 측은지심이 생겼어도 어린아이를 직접 구하지 않는다면, 우리는 인仁한 사람이 될 수 없다.

정약용의 이런 생각에는 인에 대한 새로운 이해가 들어 있다. 측은지심이 곧 인은 아니기 때문이다. 측은지심은 인간이라면 누구나 가질 수밖에 없는 단순한 동정심에 지나지 않는다. 동정심을 가지고 있다고 해서 반드시 우물에 빠지려는 어린아이를 구해주는 것은 아니다. 인간은 여러 가지 이유로 아이가 우물에 빠지는 것을 못 본 척할 수도 있기 때문이다.

주희가 우리 마음에 측은지심을 일으킨 본성이라는 내적 원인으로 자신의 사유를 진행시켰다면, 정약용은 어린아이를 구해야 한다는 외적 방향으로 자신의 사유를 진행시킨다. 결국 정약용에게 인의예지는 마음의 본성이 아니라 인간이 주체적 노력과 실천을 통해 달성할 수 있는 덕목들이었다. 여기서 중요한 것은 노력과 실천을 가능하게 하는 주체의 결단 혹은 의지의 작용이다.

앞에서 살펴본 것처럼 인간은 자신도 함께 물에 빠질 수 있다는 두려움 때문에 위험에 처한 어린아이를 못 본 척할 수 있다. 이 경우 측은지심이 생겼다는 단순한 이유만으로 인간은 윤리적으로 선한 존재라고 여길 수 있을까? 그렇다면 윤리적인 선악은 어느 지점에서 결정되는 것일까? 정약용에 의하면 그것은 측은지심을 따를 것인지 아니면 자신의 안전을 택할 것인지에 달려 있다.

인간의 본성에 자유의지를 도입하라

정약용은 유학 사상에 주체의 자율적 의지를 도입했다. 이것이 그의 철학의 핵심이다. 하지만 그가 측은지심처럼 인간이 선천적으로 지니고 있는 도덕 감정들을 부정한 것은 아니다. 단지 주체의 자율적 의지나 결단을 통해서만 도덕 감정들도 의미를 지닐 수 있다는 점을 지적한 것이다. 선천적인 도덕 감정들을 긍정한다는 점에서 정약용은 맹자나 주희의 논의를 수용한다고 볼 수 있다. 그러나 그 도덕 감정들 자체를 선이라고 보지 않는다는 점에서 그는 맹자나 주희로부터 벗어나 있다.

우물에 빠지려는 어린아이를 보았을 때 인간의 마음속에 측은지심이 일어나는 것은 당연한 일이지만 정작 중요한 것은 위기에 빠진 어린아이를 구해낼 수 있느냐의 여부다. 어린아이를 구했는지의 여부를 문제 삼지 않고 인간에게는 측은지심이 있다는 것과 그것이 인간의 내면 깊숙이 존재하고 있는 본성의 실현이라고 주장하는 것 등이 윤리적으로 무슨 의미가 있겠는가?

정약용은 맹자나 주희의 사유 노선을 비판적으로 읽고 해석하면서 자신만의 새로운 인간 이해를 체계화한다.

> 마음 안에는 세 가지 이치[理]가 있다. 그 본성性으로 말하면 선을 즐거워하고 악을 부끄러워한다. 이는 맹자가 말한 성선설이다. 그 권형權衡으로 말하면 선을 할 수도 있고 악을 할 수도 있다. 이는 고자告子의 소용돌이치는 물[湍水]의 비유와 '선과 악이 섞여 있다'는 양웅揚雄의 이론이 생긴 원인이다. 그 행사行事로 말하면 선을 하기는 어렵고 악을 하기는 쉽다. 이는 순자荀子의 성악설이 나오게 된 원인이다. 순자와 양웅의 이론이 잘못된 것은 본래 성[性]이란 글자를 오해했기 때문이다. 하지만 우리 마음 안에 원래 이런 세 가지 이치가 없는 것은 아니다. 하늘은 이미 사람에게 선을 할 수도 있고 악을 할 수도 있는 권형을 주었다. 그리고 그 아래에 또한 선을 하기는 어렵고 악을 하기는 쉬운 육체를 주었으며, 그 위에 선을 즐거워하고 악을 부끄러워하는 본성을 주었다. 만일 이 본성이 없다면 우리 인간 중에 예로부터 조그마한 선이라도 할 수 있는 사람이 없었을 것이다.
>
> 《심경밀험(心經密驗)》

:: 양웅

시인으로 명성이 드높았던 그가 철학에 관심을 두기 시작한 것은 말년이 되어서였다. 인간 본성에 관한 학설로 유명한 그는 인간의 본성에는 선과 악이 뒤섞여 있다고 보았다. 철학 방면의 주요 저작으로는 《법언》, 《태현경》 등이 있다.

정약용에 의하면 인간의 마음에는 세 가지 특성이 존재하고 있다.

첫째는 본성의 측면이고, 둘째는 권형의 측면이며, 셋째는 행사의 측면이다. 이 중에서 오해의 여지가 있는 것은 본성 부분이다. 그 스스로 본성의 논의가 불교적이라고 비판했음에도 불구하고 인간에게는 본성이 있다고 주장하는 것처럼 보이기 때문이다. 하지만 정약용이 말한 본성의 의미는 주희의 그것과는 매우 다르다. 주희는 마음속 깊숙이 내재한 인간의 본질 또는 세계의 본질을 '본성'이라고 불렀다. 그러나 정약용은 본성이 인간만이 가진 도덕 감정이라고 생각했다. 그는 본성을 '기호嗜好'라고 정의한다. 다시 말해 본성은 사태 또는 타인과 만났을 때 일어나는 도덕적 감정일 뿐이다. 때문에 그의 본성은 우리의 일상생활에서 항상 선을 좋아하고 악을 미워하는 도덕 감정으로 기능하고 있는 것이다.

'저울질한다'는 뜻을 지닌 마음의 둘째 측면인 권형은 주체의 선택과 결단, 즉 주체의 의지를 의미한다. 그리고 '실천한다'는 뜻을 지닌 마음의 셋째 측면인 행사는 주체가 직접 몸을 움직여서 자신이 선택한 것을 행해야 한다는 점을 말해주고 있다. 마음의 세 측면을 측은지심의 사례를 들어 살펴보면 다음과 같다.

우선 어린아이가 우물에 빠지려고 할 때 우리는 그 아이에 대해 측은지심을 느낀다. 이것이 바로 우리 마음의 본성이 기능하는 측면이다. 그리고 우리 자신 역시 우물에 빠질 수도 있다는 위험을 무릅쓰고 어린아이를 구해야겠다는 결심을 할 수 있다. 이 과정이 바로 우리 마음의 권형이 기능하는 측면이다. 중요한 것은 우리가 측은지심을 따를 수도 있고 따르지 않을 수도 있다는 점이다. 만약 일방적으로 따라야만 한다면 주체의 결단과 의지는 정약용에게 아무런 의미도 없을 것이다.

　결심을 했다면 우리는 어린아이를 구하기 위해 우물 가까이 다가가 손을 내밀 수 있다. 이 과정이 바로 행사가 기능하는 측면이다. 물론 행사라는 실천이 반드시 윤리적으로 성공할 수는 없다. 어린아이를 구하려는 노력에도 불구하고 결과는 실패할 수도 있고, 우리마저도 함께 우물에 빠질 수도 있기 때문이다.

선과 악의 기로에 서서

　마음의 셋째 측면인 행사는 논란의 여지가 많다. 인간은 기본적으로 육체를 가지고 삶을 살아가는 유한자라는 사실과 밀접하게 관련되어 있기 때문이다. 행사는 주체가 자신의 의지를 현실화하는 작용인 동시에 육체가 지닌 제약성을 안고 가는 작용이다. 예를 들어 아이를 구하려는 우리의 의지는 아이의 손을 잡고 있는 힘이 약할 때 헛되이 끝날 수도 있다. 더구나 아이를 구하려고 잡은 손을 놓지 않는다면 자신마저도 우물 속으로 떨어질 수 있다. 이때 우리는 어떻게 해야 할 것인가? 우리는 다시 선택과 결단의 갈림길에 설 수밖에 없을 것이다. 나 자신을 살릴 것인가? 아이를 구하려는 노력을 계속할 것인가? 이 같은 정약용의 고뇌와 갈등은, 윤리학적 논의를 '우리 마음 안에 선한 본성이 있다'는 식의 사변적 논의로부터 벗어나게 해준다. 그는 윤리적인 의지와 실천이 얼마나 인간을 분열시키며 초월적인 결단을 요구하는지 잘 꿰뚫어보고 있었기 때문이다.

사람은 상반되는 두 의지가 동시에 일어나는 것을 항상 경험하는 존재다. 이 지점이 바로 사람과 귀신이 갈리는 곳이고 선과 악이 나뉘는 기미로서, 인심人心과 도심道心이 서로 싸워 의로움[義]이 이길지 욕망[欲]이 이길지 판결이 나는 때이다. 사람이 이때 맹렬히 반성하여 힘써 (인심을) 이긴다면 도道에 가까워질 것이다. 하지 않아야 할 것과 하고자 하지 말아야 할 것은 도심에서 발하니 이는 곧 천리天理다. 하지 않아야 할 것을 하고, 하고자 하지 말아야 할 것을 하고자 하는 것은 인심에서 발하니 이는 곧 사욕私慾이다. 하지 않아야 할 것을 하지 않고, 하고자 하지 말아야 할 것을 하고자 하지 않는 것은, 인심을 제어하고 도심의 명령을 듣는 것이다. 이는 이른바 '자신을 이겨서 예를 회복하라[克己復禮]'는 뜻이다.

《맹자요의》

정약용에게는 주체 내부의 분열과 갈등이 매우 중요한 요소로 등장한다. 갈등을 통해 도덕 감정으로서의 본성을 따르려는 주체의 최종 결단이 이루어지기 때문이다. 정약용의 사유 속에는 맹자나 주희가 생각하는 낙관적인 전망이 끼어들 여지가 별로 없다. 내면의 본성을 내성적으로 직관해서 기르기만 한다면 모든 윤리적 문제가 해결된다는 식의 발상은, 윤리적 실천이 얼마나 많은 자기희생과 갈등을 필요로 하는지를 간과한 것이다.

도덕 감정에 따라 내가 어린아이와 함께 우물어 빠져 죽을지라도 아이를 구하려는 의지를 포기하지 않을 수 있을까? 내가 죽는다면 선과 악이 무슨 의미가 있느냐고 하면서, 지금까지 최선을 다했다고 스스로를 위로하면서, 잡고 있던 손을 놓을 수밖에 없을까? 정약용은 전자의 마음을 도덕 감정으로서의 본성이 그대로 기능하는 도심道心이라 부르고, 후자의 마음을 자신의 육체적 안위에만 관심을 가지고 있는 인심人心이라 부른다.

그런데 흥미로운 것은 도심과 인심이라는 주체의 분열 상황이 사실 맹자나 주희에게서도 보인다는 점이다.

> 윤리적 가치들이 나의 마음을 기쁘게 하는 것은 맛있는 고기가 나의 입을 기쁘게 하는 것과 마찬가지다.
>
> 《맹자》〈고자(告子)·上〉편

> 사람의 마음은 단지 하나일 뿐이다. 하지만 배고플 때 먹을 것이나 목마를 때 마실 것을 지각하는 것이 인심人心이라면, 군주와 신하 사이의 윤리적 관계나 아버지와 아들 사이의 윤리적인 관계를 지각하는 것은 도심道心이다.
>
> 《주자어류》 78번째 권

맹자나 주희의 논의는 기본적으로 마음과 육체를 구분하는 것을 전제로 하고 있다. 다시 말해 마음의 순수성에서 기원하는 윤리적 욕구와 육체에서 기원하는 이기적인 욕구 사이에 질적인 구별이 있다는 점을 강조하고 있다. 서로 다른 두 욕구는 동일한 순간에 동일한 주체에게 발생하기 때문에 갈등과 대립을 피하기 힘들다. 예를 들어 눈앞에 조상들을 위해 차려놓은 제사상이 있다고 해보자. 안타깝게도 우리는 지금 너무 배가 고프다. 그러면 우리의 마음은 어쩔 수 없이 갈라질 것이다. 무엇보다 먼저 다음과 같이 자신을 유혹하기 쉽다.

"너무 배가 고프다. 먹지 않으면 죽을 것 같다. 내가 죽는다면 앞으로 누가 조상들을 위해 제사상을 차릴 것인가?"

그러나 동시에 우리 마음은 다음과 같이 속삭인다.

"아무리 배가 고파도 먹을 수 없다. 굶어 죽더라도 제사를 지내기도 전에 조상들에게 바치는 음식을 먹을 수는 없다."

정약용이 맹자의 사유를 받아들인 것은 바로 이런 자아의 분열과 갈등 요소 때문이다. 또한 주희 철학의 대부분을 공격하면서도 그의 인심과 도심에 대한 생각을 좋아했던 이유도 바로 여기에 있다. 그러나 우리가 더 주목해야 할 것이 하나 있다. 맹자나 주희에게 있어서는 자아 분열의 측면이 결코 중심적인 자리를 차지하지는 않았다는 점이다. 그들에게 중심적이지 않았던 부분이 이제 정약용에게 와서야 비로소 가장 핵심적인 요소로 떠오른 것이다.

실천의 윤리학으로

정약용은 인심과 도심으로 분열되는 자아의 상태야말로 윤리적으로 의미 있는 상태라고 생각했다.

이렇게 분열된 인심과 도심 중에서 확고하게 도심을 따라야 한다는 것이 그의 중요한 입장이다. 흥미로운 것은 정약용이 위의 논의를 공자의 유명한 격언, '자신을 이겨서 예를 회복하라'는 의미로 받아들였다는 점이다.

그러나 정약용의 사상은 공자와도 어느 정도 거리를 두고 있다. 그가 생각한 '예를 회복한다'는 말의 의미는, 선천적으로 인간이 지니고 있는 도덕 감정을 잘 따르라는 것이기 때문이다. 정약용은 공자와 마찬가지로 법정의 비유를 들어 자아의 분열과 갈등에 대해 설명하기를 좋아했다.

> 선천적인 도덕 감정과 사람의 사사로운 욕망이 마음에서 싸우는데, 자기를 이기는 것은 마치 송사訟事에서 이기는 것과도 같은 것이다. 사람은 잘못과 법령 두 가지가 내면에서 논쟁하는 것을 보고서, 그 시비를 분명히 파악하고 잘못을 고칠 수 있어야만 한다.
>
> 《논어고금주(論語古今註)》

공자에게 법령, 즉 예는 외적인 학습을 통해 내면화한 것이지만 정약용에게 법령은 선천적으로 주어진 도덕 감정이라고 말할 수 있다. 정약용은 분명 윤리적 의미에서의 선악이 주체의 결단과 의지의 영역權衡에서만 의미를 지닌다는 점을 꿰뚫어보았다. 하지만 정약용이 권장하는 선 역시 미리 존재하는 선천적인 도덕 감정을 그대로 따르는 것일 뿐이다. 바로 이런 점 때문에 그가 말한 주체의 자유로운 결단은 상당 부분 한계가 있을 수밖에 없다.

위기에 빠진 아이를 잡고 있는 손에 점점 힘이 빠져나갈 때, 잠시 후면 아이와 함께 우물 속으로 빠질 수밖에 없게 되었을 때, 우리가 할 수 있는 유일한 결단은 아이와 함께 우물에 빠지는 것을 참고 견디는 것이다. 그 속에는 언뜻 자유로워 보이지만 결코 마음대로 바꿀 수 없는 절대적인 복종만이 존재할 뿐이다. 우리가 어떤 일과 부딪쳤을 때 선택할 수 있는 선한 길은 이미 확고하게 주어져 있기 때문이다. 그렇다면 '자유로운 주체의 선택이나 결단'이라는 문구는 하나의 수식어에 불과할 수도 있다.

정약용은 분명히 외부의 사태나 타인과의 만남을 긍정하고 이로부터 생기는 윤리적 분열과 갈등의 중요성을 강조했다. 그는 이런 점에서는 맹자나 주희의 본성 논의가 지닌 불교적 유아론을 벗어날 수 있었다. 주희에게 있어 인仁은 이미 올바르게 세워져 있는 인간의 본성일 뿐만 아니라 세계의 본질이었다. 그러나 정약용에게는 두 사람 사이의 관계에서 윤리적인 실천이 이루어졌을 때에만 의미를 갖는 덕목일 뿐이었다.

> 사람이 이 세상을 살아갈 때 선과 악은 모두 사람과 사람이 서로 만나는 관계에서 일어난다. 사람과 사람이 서로 만나는 관계에서 자신의 본분을 다하는 것을 '인仁'이라고 한다. 인은 두 사람이다. 아버지를 효성스럽게 섬기면 인이라 하니, 자식과 아버지가 두 사람이기 때문이다. 형을 공경스럽게 섬기면 인이라 하니, 동생과 형이 두 사람이기 때문이다. 자식을 자애롭게 기르면 인이라 하니, 아버지와 자식이 두 사람이기 때문이다. 임금과 신하는 두 사람이요, 남편과 부인은 두 사람이다. 어른과 어린이도 두 사람이며, 백성과 목민관도 두 사람이다.
>
> 《대학공의(大學公議)》

인은 정약용에 이르러서야 비로소 인간의 고독한 내면으로부터 타인과의 관계로 나오게 된다. 그런데 우리는 그의 인이 타인과 만날 때 어떻게 나타나는지 주목해볼 필요가 있다. 그는 아버지에게 효도하는 것, 형을 공손하게 모시는 것, 자식을 사랑으로 기르는 것을 인이라고 말한다. 임금과 신하, 남편과 아내와의 관계처럼 아버지와 자식, 형과 동생과의 관계도 전통적인 가부장적 사회관계에 지나지 않는다. 따라서 기존의 신유학을 공격했던 정약용 역시 다른 방식으로 유학의 가부장적 사회관계를 정당화하고 있었다는 것을 알 수 있다.

그는 측은지심, 사양지심, 수오지심, 시비지심 등 도덕 감정 자체를 문제 삼지는 않았다. 다만 그 감정들은 오직 구체적인 타인과의 관계에서 윤리적으로 선을 행할 수 있도록 한다는 데 의미가 있다고 생각했다. 그렇다면 유학 전통에서의 정약용의 역할은 유학적 가치를 자아의 분열과 갈등, 그리고 주체의 결단과 의지 속에 새겨 넣었다는 데 있을 뿐이다. 그는 이를 통해 유학을 맹자와 주희의 내면적 수양을 넘어서는 실천적 책임의 윤리학으로 바꿀 수 있었던 것이다.

Chapter 3

대화
TALKING

🎙 대화 1

자신이 원하지 않는 것을 남에게도 행하지 말라

공자와 맹자 그리고 장자의 가상 토론회

토론 참석자 사회자, 늙은 공자, 젊은 맹자, 장자

토론 상황 장자는 공자의 유학을 공공연히 비판함으로써 많은 사회적 논란을 일으켰다. 그리하여 장자는 왜 공자의 사상을 비판하는지, 공자는 그 비판에 대해 어떻게 생각하는지를 사람들에게 알려주기 위해 공개 토론회를 열게 되었다. 젊은 맹자는 이제 많이 늙은 공자가 혹시 실수나 하지 않을까 하는 우려 때문에 대변인을 자처하여 토론회에 함께 참석해 있다.

|**사회자**| 최근 장자 선생님께서는 공자의 유학 사상을 공개적으로 비판하고 계십니다. 때문에 사람들은 그 이유에 대해서 무척 궁금하게 생각하고 있습니다. 우선 논의 전개상 장자 선생님께서 먼저 간단히 비판의 취지를 이야기해주시기 바랍니다. 그리고

이에 대한 반론을 공자 선생님께 들어보는 방식으로 토론을 진행하도록 하겠습니다.

|장자| 공자 선생님은 아주 위대하신 분입니다. 선생님만큼 인간과 인간의 삶에 대해 깊이 고민했던 분이 별로 없으니까요. 그런데 제가 선생님의 가르침 중 가장 못마땅하게 여기는 것은 바로 '서恕'라는 윤리원칙입니다. 공자 선생님은 서를 다음과 같이 설명하셨죠. "자신이 원하지 않는 것을 남에게도 행하지 말라[己所不欲, 勿施於人]." 하지만 윤리란 기본적으로 타인과 더불어 살고 더 나아가 타인의 삶을 좋게 만들어주는 데 의의가 있는 것 아닐까요? 그런데도 선생님께서는 타인과 관계할 때 '자신이 원하는 것'이나 '자신이 원하지 않는 것'을 먼저 생각하고 그 다음에 타인과 관계하라고 하십니다. 하지만 공자 선생님의 서가 타인에게 좋은 결과를 주려면 기본적으로 내가 원하는 것이 타인이 원하는 것과 같아야만 하거나, 내가 원하지 않는 것이 타인이 원하지 않는 것과 같아야만 하지 않을까요? 그런데 어떻게 사람들이 원하는 것과 원하지 않은 것이 항상 같을 수 있겠습니까? 그래서 저는 '자신이 원하지 않는 것을 남에게도 행하지 말라'는 공자 선생님의 명령을 '남이 원하지 않는 것을 남에게 행하지 말라'는 명령으로 바꾸어야 한다고 주장한 것입니다.

|사회자| 공자 선생님, 장자 선생님의 지적에 대해 어떻게 생각하시는지요?

|공자| 장자 선생님의 비판도 설득력이 있는 것처럼 들립니다. 그러나 저는 선생님의 지적이 너무 이상적이라는 생각입니다. 선생님은 저의 윤리원칙을 바꾸어 '남이 원하지 않는 것을 남에게 행하지 말라'고 하셨는데, 그렇다면 오히려 제가 묻고 싶군요. 선생님은 '남이 원하지 않는 것'이 무엇인지 알 수 있다는 말씀입니까? 저는 이것이 불가능하다고 봅니다. 우리 인간이 확실히 알 수 있는 것은 자기 자신이 무엇을 원하는지에 대한 것뿐입니다. 그렇지 않습니까? 저는 지금 이 순간 사회자님이나 장자 선생님이 무엇을 원하고 있는지 알 수 없습니다. 제가 두 분의 마음속으로 들어갈 수는 없는 노릇이니까요. 두 분이 원하시는 것은 오직 두 분만 알 수 있는 것이겠지요. 그렇다면 우리는 어떻게 행동해야 할까요? 저는 제가 알고 있는 것만으로 타인과 관계할 수밖에 없다고 봅니다. 다시 말해 제가 원하지 않는 것은 확실히 아니까, 이것을 가지고 타인과 관계한다는 것이지요. 물론 제가 원하지 않은 것을 타인은 원할 수도 있습니다. 그러나 그것은 제가 타인과 관계한 다음에야 알 수 있는 것입니다.

|사회자| 말씀 잘 들었습니다. 장자 선생님은 공자 선생님의 반론에 대해 어떻게 생각하십니까?

|장자| 그렇다면 한 가지 더 묻고 싶은 것이 있습니다. 만약 제가 원하는 것을 타인은 원하지 않음을 확인하신다면 어떻게 하실 생각이십니까? 예를 들어 저는 운동 삼아 산에 올라가는 것을 좋아합니다. 그래서 타인에게 등산을 청했습니다만 그 사람은

수영을 좋아합니다. 이때 우리는 어떻게 해야 합니까?

|공자| 여기서 중요한 것은 나 자신이나 타인이 원하는 것이 진정으로 원할 만한 것이냐의 여부겠지요. 만약 타인이 원하는 것이 원해서는 안 되는 것이라면 그것은 타인의 잘못입니다. 또한 제가 원하는 것이 진정으로 원해서는 안 되는 것이라면 저의 잘못이겠지요. 장자 선생님께서 말씀하신 등산과 수영의 예例는 적절하지 못한 것 같습니다. 등산과 수영은 단순히 습관에 의해 좋아함과 싫어함이 구별되는 것뿐입니다. 저는 어렸을 때부터 세상 모든 사람들이 진정으로 원할 수 있는 것은 무엇일지에 대해 고민해왔습니다. 그 결과 저는 옛날 주나라 주공께서 만드셨던 예禮만이 진정으로 인간이 무엇을 원해야 하는지 또는 무엇을 원해서는 안 되는지를 가장 잘 알려준다는 결론을 내리게 되었습니다.

|사회자| 잠깐만요, 공자 선생님. 논의가 점점 복잡해지고 있군요. 논의의 흐름을 명확히 하기 위해 제가 질문을 하나 해도 될까요? 선생님께서는 지금 사람들이 그냥 원하는 것과 진정으로 원해야만 하는 것을 구분하고 계십니다. 그렇다면 사람들이 진정으로 원해야만 하는 것이 바로 주나라의 예라고 말씀하신 셈이 되는데, 제 말이 맞습니까?

|공자| 네, 그렇습니다. 저는 인仁한 사람이 되기 위해서는 '자기의 사사로운 욕심을 이겨 그 언어 행동이 예에 합치되어야 한다[克己復禮]'고 강조했던 적이 있습니다. 여기서 자신의 사사로운 욕

심이 우리가 보통 원하는 것, 욕구하는 것을 가리킨다면, 예에 합치된 사람의 욕망은 우리가 인간으로서 반드시 원해야만 하는 것을 말합니다. 저는 후자와 같은 사람을 인한 사람이라고 불렀습니다. 이런 사람만이 서라는 윤리원칙을 타인에게 적용할 수 있다고 봅니다. '자신이 원하지 않는 것을 남에게도 행하지 말라'고 했을 때 제가 의도했던 것은, 자신의 사사로운 욕망으로 타인과 관계하라는 것이 아니었습니다. 오히려 저는 진정으로 자신이 원해야 할 것과 원하지 말아야 할 것을 깨닫고 난 후에 타인과 관계하라고 말했던 것입니다.

|사회자| 잘 알겠습니다. 그렇다면 공자 선생님께서 말씀하신 '자신이 원하는 것이나 원하지 않는 것'은 기본적으로 '예가 원하는 것이나 원하지 않는 것'이 되는데요. 장자 선생님, 어떻게 생각하십니까?

|장자| 공자 선생님은 역시 제가 짐작했던 그대로 말씀하시는군요. 바로 그렇습니다. 공자 선생님의 핵심 사유는 사실 예라는 한 글자에 모여져 있습니다. 하지만 선생님께서는 어떤 식으로 그 예가 인간으로서 우리가 진정으로 원해야만 하는 것을 결정할 수 있는 원리임을 정당화하실 수 있습니까? 더군다나 선생님이 생각하고 계신 예가 옛날 주나라의 예절인 주례周禮로부터 나왔다는 점에서 볼 때 저는 이것이 과거의 단순한 관습이 아닌지 의심스럽습니다.

|맹자| 잠시만요, 사회자님. 제가 공자 선생님을 대신해서 한 말씀 드려도 되겠습니까?

|사회자| 아, 맹자 선생님이시군요. 토론을 지켜보시는 분들 중에는 낯설다고 느끼는 분들도 계시겠지만 이분이 바로 맹자 선생님이십니다. 최근 들어 공자 선생님의 수제자이자 가장 탁월한 이론가로 명성을 얻으신 분입니다. 이제 잠시 발언권을 맹자 선생님께 돌리도록 하겠습니다.

|맹자| 먼저 공자 선생님과 장자 선생님의 대화에 주제넘게 끼어들어 죄송하다는 말씀부터 드리겠습니다. 방금 장자 선생님께서 지적하신 부분에 대해 제가 대신 예를 중심으로 설명해드리도록 하겠습니다. 우선 예란 단순히 과거 주나라의 관습에서 나온 것만은 아니라는 점을 말씀드리고 싶습니다. 예란 오히려 우리가 선천적으로 가지고 있는 마음, 즉 '타인에게 사양하는 마음[辭讓之心]'을 의미합니다. 다시 말해 우리가 태어날 때부터 가지고 있던, 타인을 존중하고 타인에게 양보하려는 마음이 실현되어 제도화된 것이 구체적인 예禮들입니다. 만약 옛날 주공께서 주례를 완성하셨다면 바로 이 사양지심을 통해서였을 겁니다. 따라서 공자 선생님께서 평생 동안 예를 강조하셨던 것은 단순히 제도나 관습으로서의 주례를 답습하기 위해서가 아닙니다. 오히려 이런 제도나 관습을 만들 수 있었던 인간의 가능성, 즉 우리 자신에게 선천적으로 선한 마음이 내재되어 있다는 것에 주목하셨던 것입니다.

|사회자| 역시 유학 사상의 대변인이자 이론가답군요. 맹자 선생님 말씀은 예라는 것이 단순히 인간이 인위적으로 만든 제도나 관습이 아니라 인간 본성의 실현이라는 뜻인가요? 아마 토론을 지켜보고 계시는 많은 분들이 저와 같은 생각이실 텐데, 장자 선생님은 어떻게 보십니까?

|장자| 저는 공자 선생님이 예를 만들었다고 하는 주공을 존경해서 꿈속에서까지 주공을 뵙지 못한 것을 한탄하셨다는 얘기를 들은 적이 있습니다. 이처럼 예란 공자 선생님께 무엇과도 바꿀 수 없는 절대적인 가치가 있는 것이지요. 그러나 공자 선생님은 무슨 근거로 예가 우리 인간의 행동을 규정할 수 있는 절대적이고 유일한 규범이라고 주장하시는 걸까요? 저는 이런 회의와 반성을 하시지 못했기 때문에 공자 선생님의 유학은 철학이라기보다 종교적인 성격을 띤다고 생각합니다. 종교는 철학과는 달라서 몇 가지 신념들에 대해서는 전혀 문제 삼을 수 없다고 규정하는 사유 방식입니다. 이런 때 맹자 선생님이 나타나신 것은 공자 선생님께는 행운입니다. 맹자 선생님은 예를 철학적으로 정당화하려고 노력하셨으니까요. 그러나 저는 맹자 선생님께 되묻고 싶습니다. 우리 인간의 본성 중에 타인을 존중하고 타인에게 양보하려는 사양지심이 있다는 주장을 어떻게 정당화하실 수 있습니까?

|사회자| 저 역시 맹자 선생님께 여쭈어보고 싶습니다. 사람이 태어날 때부터 사양하는 마음을 가지고 있다는 선생님의 주장은

어떻게 정당화될 수 있을까요?

|맹자| 보잘것없는 저를 유학 사상의 이론가로 평가해주신 점, 감사드립니다. 그러나 그 칭찬은 인정하기 어렵군요. 제가 아무리 이론적으로 사유한다고 해도 여기 계신 공자 선생님의 인격과 행실에 비할 수는 없습니다. 그럼 장자 선생님과 사회자님의 질문에 대해 간단히 제 입장을 밝히도록 하겠습니다. 우선 어린아이들을 자세히 관찰해보시면 우리 인간에게 선천적으로 사양지심이 있다는 것을 어렵지 않게 이해하실 수 있을 겁니다. 아이들은 어른들을 만나면 공손하게 인사하고, 식사를 할 때도 어른들보다 먼저 숟가락을 들지 않습니다. 어떤 입장에서든 어른들 먼저 하게 하고 자신은 뒤로 물러나 있지요. 이 모든 상황들로 미루어보아 저는 인간은 선천적으로 사양지심을 가지고 있다고 생각합니다.

|장자| 맹자 선생님께서는 어린아이에게서 매우 낙관적인 모습만을 찾고 계시군요. 선생님이 어린아이를 예로 드셨으니 저도 비슷한 예를 들어보도록 하겠습니다. 선생님께서는 갓 태어난 아기들을 본 적이 있으십니까? 갓난아기들을 자세히 살펴보면 이기적이고 탐욕스러운 모습을 볼 수 있습니다. 부모는 생각지도 않고 밤마다 배고프다고 울고, 소변을 봐서 옷이 축축하다고 울고 있는 갓난아이들에게서 과연 어떤 사양지심을 찾을 수 있을까요? 우리는 어린아이들이 예절에 맞게 행동하게 된 이유는 교육 때문이라는 점에 주목할 필요가 있습니다. 저는 맹자 선생님

께서 인간의 본성이라고 설명하셨던 사양지심이 결국 교육의 결과로 나타났다는 것을 말씀드리고 싶습니다.

|사회자| 좋은 의견 잘 들었습니다. 저 역시 어린아이들이 예절에 맞게 행동하는 것은 교육의 결과라고 판단됩니다. 또한 저뿐만이 아니라 많은 사람들이 맹자 선생님의 주장에 의구심을 느낄 것 같은데요. 이에 대해 말씀해주시겠습니까?

|맹자| 물론 처음에는 사양지심이 선천적인 인간의 본성으로부터 나온 것이라는 제 주장이 어색하게 들릴 수도 있을 것입니다. 장자 선생님 말씀처럼 어린아이들에게는 탐욕스럽고 이기적인 면도 많이 있습니다. 그러나 철학적으로 생각해보시기 바랍니다. 만약 어린아이들이 교육을 통해서 예절에 맞게 행동한다면, 그것은 어린아이들에게 예절에 맞게 행동할 수 있는 가능성이 이미 있었기 때문입니다. 저는 바로 그 가능성을 본성[性]이라고 한 것입니다. 애초에 인간에게 이런 가능성이 없었다면 교육을 받든 받지 않든 간에 결국 인간은 예절에 맞는 행동을 할 수 없을 것입니다.

|사회자| 말씀을 듣고 보니 이해가 되는군요. 갓난아이가 아무리 이기적이고 탐욕스럽다 할지라도 교육을 받아 예절에 맞는 아이로 변화된다면 갓난아이에게는 이미 그럴 수 있는 본성이 있었다고 볼 수 있겠군요. 이 논점에 대한 장자 선생님의 반론이 무척 궁금합니다만 아쉽게도 시간 관계상 이제 논의를 마쳐야 할

것 같습니다. 다음 기회에 이 부분에 대한 토론을 계속할 예정이니 양해해주시기 바랍니다. 토론에 참여해주신 공자 선생님, 맹자 선생님, 그리고 장자 선생님께 고마움을 전합니다. 끝으로 진지하게 토론을 경청해주신 많은 분들에게 감사드리며, 이만 토론회를 마치도록 하겠습니다.

孔子

Chapter 4

이슈
ISSUE

孟子

이슈 1

호주제는 과연 평등한 제도인가?

이름 속에 깃든 남녀 차별

공자와 맹자의 사상을 형이상학적으로 절대화한 것이 바로 주희로 대표되는 성리학이었다. 중국에서는 그 후 양명학陽明學이라는 새로운 흐름이 생겨나 성리학의 사변적 형이상학을 극복함으로써 실천적인 유학의 전통을 복원하려 했다. 반면 조선 왕조는 500년 동안 성리학을 굳게 지켰으며, 스스로 선비의 국가를 자처했다. 우리나라 전통 성리학자들은 성리학의 전통에 도전했던 사상가들을 사문난적斯文亂賊, 즉 유학을 어지럽히는 무리들이라는 이유를 들어 잔인하게 탄압하고 마구 죽였다. 심한 경우 삼족三族을 멸하기도 했고 죽은 아버지의 관을 꺼내 그 관을 자르기도 했다.

물론 조선조를 지배하고 있던 선비들의 눈에 조선은 동방예의지국으로 불릴 만한 찬란한 국가로 보였을 것이다. 하지만 성리학이나 유학적 사회 규범에 반감을 가지고 있던 사람들에게 조선 사회는 마치 '암흑시대'로 불렸던 유럽의 중세시대처럼 어둡고 암담하게 보였을 것이다. 조선의 선비들은 자신들뿐만 아니라 왕을 포함한 모든 사람들을 이 암흑 속으로 몰아넣으려고 했다. 우리 역사에서 볼 때 유학의 가부장제가 뿌리 깊은 전통으로 자리잡으며 유일한 윤리 규범이 된 것도 바로 조선시대부터였다.

동양의 남성주의, 즉 가부장제의 유습들 중 가장 대표적이자 아직도 관례처럼 남아 있는 것이 족보로 상징되는 명명법이다. 본인의 이름 강신주姜信珠를 예로 들어보면 이것은 우리가 별다른 거부감 없이 사용하고 있는 전형적인 이름이라고 할 수 있다. 그러나 이 이름에는 강한 가부장제의 관습이 그대로 남아 있다.

강姜이란 성은 우리 아버지, 우리 할아버지, 할아버지의 할아버지, 더 나아가 우리 시조에 이르기까지 모든 남자들이 공유하던 것이다. 그리고 신信이란 글자는 나와 동일한 의치에 있는 모든 종친들이 공유하는 항렬을 표시한다. 나는 성과 가운데 이름이 같은, 예를 들어 강신혁이라는 사람을 보면 이 사람은 나와 같은 항렬이니 형제와 같은 사람이구나, 하는 생각을 하게 된다. 마지막의 주珠라는 글자는 단지 같은 항렬의 사람들과 나를 구별해주는 기호에 지나지 않는다. 결국 아직도 사용하고 있는 우리의 명명법 자체가 철저하게 가

:: 양명학

명나라의 왕수인(王守仁)이 주창한 유가철학의 한 분파로, 심즉리(心卽理, 마음 외에 사물이 없다는 뜻), 지행합일(知行合一, 앎은 행동의 시작이고, 행동은 앎의 완성이라는 의미), 치양지설(致良知說, 이로운 깨달음을 실천한다)을 기본 논리로 한다. 조선에 전래된 후 양명학은 이황이나 유성룡 등에 의해 비판받았지만, 정제두에 의해 양명학파가 개창된 이후 꾸준히 발전해나갔다.

부장제의 흔적인 셈이다. 간단히 말해 우리의 이름은 움직이는 족보인 것이다.

전통적인 명명법에서 흥미로운 것은 족보를 펼쳐보지 않는 한 증조할머니부터는 성씨조차 알 수 없다는 점이다. 이처럼 우리의 이름에는 여자의 성씨와 이름, 다시 말해 여성의 존재 자체가 철저하게 망각되어 있다. 이러한 명명법의 특징은 호주제의 기초가 무엇인지를 명확하게 보여준다.

예를 들어 나이 드신 할머니 1명, 시어머니 1명, 얼마 전에 남편을 잃은 며느리 1명, 갓 태어난 손자 1명으로 구성된 가정이 있다면 최대 4명의 각기 다른 성을 가진 사람들이 함께 살고 있을 수 있다. 할머니는 이씨, 시어머니는 강씨, 며느리는 김씨, 손자는 박씨일 수 있는 것이다. 하지만 돌아가신 할아버지와 성씨를 공유하고 있는 사람은 갓 태어난 손자 한 명뿐이다. 그래서 아직 대소변도 가리지 못하는 손자가 호주가 되는 것이다. 그러나 생활에 필요한 돈을 벌어 가정을 유지하는 사람이 며느리라고 하면, 당연히 가정을 실질적으로 대표하는 사람도 며느리라고 해야 하지 않을까?

낳아주신 아버지, 길러주신 어머니

왜 우리의 이름에는 여성성의 흔적이 사라지고 없는 것일까? 그 이유는 조선시대 선비들의 사유 방식을 꼼꼼히 살펴보면 알 수 있다. 다음은 조선 중기에 문인으로 유명했던 정철鄭澈, 1536~1593이 지은 〈훈민가訓民歌〉의 첫 번째 구절이다.

> 아바님 날 나흐시고 어마님 날 기르시니
> 두 분 곳 아니시면 이 몸이 사라실가
> 하늘 ▽ 툰 ▽ 없손 은덕恩德 어딘다혀 갑소오리.

정철은 아버님과 어머님이 없었다면 자신이 태어나지 않았을 것이라고 말하면서 부모님의 은혜를 갚을 길이 없다고 털어놓는다. 우리는 그의 이야기를 통해 유학의 선비들이 왜 자신의 이름에 여성성을 삭제하는 것을 당연하게 여겼는지 엿볼 수 있다. 위의 시 구절에서 중요한 것은 아버님과 어머님의 은혜를 모두 칭송하고 있다는 사실이 아니다. 우리가 주목해서 보아야 할 것은 유학 지식인들의 생물학적 관념, 즉 '아버님이 나를 낳으셨다면 어머님은 나를 기르셨다'는 것이다.

여기서 우리는 기묘한 역할 분담을 보게 된다. 아버지가 자식을 낳는 역할을 맡는다면 어머니는 자식을 자궁 안은 물론 자궁 바깥에서도 기르는 역할을 맡는다는 것이다. 따라서 새로운 개체를 낳는 결정적인 요인은 아버지, 즉 남자에게 있다. 이런 관념은 기본적으로 식물학적 사고로부터 나온 것으로 보인다. 다시 말해 보리의 씨앗은 어느 땅에서든 자랄 수 있지만 항상 보리로 자랄 수밖에 없다는 것이다. 보리의 씨앗을 심었는데도 보리로 자라지 않는다면, 이것은 전적으로 땅이 기름지지 못하거나 농사짓는 일에 게을렀기 때문일 것이다. 그러므로 우리는 왜 조선시대 양반 가정에서 후손이 생기지 않는 책임이 전적으로 부인에게 돌려졌는지 쉽게 짐작할 수 있다. 첩실이나 씨받이 같은 제도까지 생겨난 이유도 여기에 있다. 다시 말해 정부인이라는 땅이 기름지지 못하기 때문에 땅을 바꾸어본다는 발상이다.

유학자들의 생물학적 관념은 후손의 성씨는 당연히 남성의 것을 따라야만 한다는 것을 정당화했다. 어느 땅에서든 보리의 씨앗이 보리로 자라면 항상 보리로 불려야 한다는 말이다. 그러나 호주제를 뒷받침하고 있는 이러한 관념은 정당한 것인가?

우리는 초등학교 시절부터 생물이 어떻게 새로운 개체를 낳는지에 대해 배우고 있다. 사람의 경우 염색체 수는 46개인데 남성의 정자와 여성의 난자로부터 각각 절반인 23개의 염색체를 제공받는다. 이 정자와 난자의 염색체가 결합하여 수정체가 되면 사람의 염색체 수인 46개를 모두 갖추게 되는 것이다. 그리고 수정체가 자라나 마침내 새로운 아이가 이 세상에 태어나게 된다. 또한 수정할 때 수억 마리의 정자들은 무한 경쟁에 돌입한다. 자신들 중 한 마리만 난자에 의해 선택된다는 사실을 잘 알고 있기 때문이다.

그렇다면 남성보다 여성이 생명의 탄생에 더 결정적인 기여를 하고 있다고 말할 수 있다. 우리가 알고 있는 과학 상식에 비춰봐도 유학자들이 지지하는 가부장제는 과학적 기초가 없는 허구적인 주장에 불과하다. 호주제를 포함한 가부장제를 주장하는 사람들이 자신을 정당화하려면 앞서 말한 기초적인 과학 상식부터 부정할 수 있어야 한다.

없애야 할 인습, 삼종지도

전통적인 유학 사회에서 가장 억울했던 사람은 여자들이라고 볼 수 있다. 조선시대 여성들에게는 여자라는 이유만으로 반드시 따라야 했던 철칙이 있었다. 바로 삼종지도三從之道다. 시집가기 전에는 아버지의 말을 따르고, 시집가서는 남편의 말을 따르고, 남편이 죽은 뒤에는 아들의 말을 따라야 한다는 것이다. 한마디로 여성은 태어날 때부터 죽을 때까지 남성을 따라야만 한다는 뜻이다.

결국 이 삼종지도가 제도화된 것이 호주제라고 할 수 있다. 자신의 손자라도, 그 손자가 아직 젖을 떼지 못한 아이라 하더라도 '집의 주인[戶主]'으로 떠받들어야 하기 때문이다. 삼종지도란 말 그대로 조선시대 여성이면 누구나 예외 없이 걸어가야만 하는 길道이었다. 조선시대는 죽을 때까지 이 길을 따라간 여성에게 '열녀'라는 호칭과 함께 열녀문을 하사했다. 동시에 그들의 가문이나 그들이 살고 있는 마을에 세금 감면 등과 같은 혜택까지 부여했다고 한다. 반면 이 길을 벗어나면 여성으로서 받아야 할 온당한 대우를 스스로 거부한 것으로 여겨졌다.

그러나 무엇보다 중요한 것은 삼종지도가 여성의 뜻과는 무관하게 여성에게 가해진 절대적인 윤리원칙이라는 점이다. 다시 말해 삼종지도는 유학적 가부장제에 입각해서 남성들로부터 강제되었다는 말이다. 어렸을 때부터 철저하게 삼종지도를 교육받으며 자란 여성들에게 그것은 제2의 천성이 될 수밖에 없었고, 여성들의 입장에서 이를 거부한다는 것은 자신의 자아를 파괴하는 것이나 다름없는 일이었다.

기본적으로 개인의 인격이 부정되는 것이 조선시대를 포함한 전근대사회의 특징이다. 한 사람의 인격과는 무관하게, 자신이 선택할 수 없었던 조건들에 의해 인간의 삶이 결정되었던 사회였기 때문이다. 전근대사회에서 중요했던 것은 양반의 집안에서 태어났는지, 백정의 집안에 태어났는지 아니면 남성으로 태어났는지, 여성으로 태어났는지의 여부였다.

따라서 전근대사회는 현대를 살아가는 우리들의 눈에 동방예의지국인 것처럼 비칠지라도 윤리적인 사회라고 보기에는 무리가 있다. 한 사람의 인격과 자유가 보장되지 않는다면, 그 사회는 윤리와 담을 쌓고 있는 사회일 수밖에 없기 때문이다. 잘 길들여진 애완견이 인간이 만들어놓은 규칙들을 제대로 지킨다고 해서 그 개를 윤리적인 개라고 부를 수는 없을 것이다. 어떤 인격적 반성이나 자율적 선택 없이 이루어지는 인간의 예절 또한 마찬가지다. 그러므로 우리나라에서 호주제 철폐는 기념비적인 사건이라고 할 수 있다. 이제 법적으로나마 여성들이 타율적이지 않게 되었고, 조선시대부터 현재까지 이어져 내려온 유학적 가부장제가 뿌리부터 흔들리기 시작했다는 사실을 반영하고 있기 때문이다. 그러나 여성들이 하나의 인격체로서 자신의 삶을 자율적으로 살아가지 못하면 호주제 폐지는 한낱 해프닝으로 끝나버릴 수 있다. 우리 사회 도처에는 여전히 너무나 많은 유학적 가부장제의 흔적들이 남아 있기 때문이다. 이제 우리는 윤리적 인격으로서 자신의 자유와 자율은 스스로의 반성과 결단이 없다면 결코 얻을 수 없다는 사실을 명심해야만 할 것이다.

😊 이슈 2

동양의 인성론은 정치와 어떤 관계에 있는가?

인간 본성에 대한 다양한 논쟁

동양철학 특히 중국철학에서는 인간의 본성에 대한 논의, 즉 인성론人性論이 상당히 중요한 자리를 차지한다. 이런 특징은 서양철학과 비교해보면 금방 확인할 수 있다. 중국에서 논의되었던 인성론의 특징 중 하나는 인간의 본성이 항상 선과 악이라는 윤리적 범주와 관련되어서 논의되었다는 점이다. '맹자' 하면 연상되는 것이 성선설이고, '순자' 하면 연상되는 것이 성악설이다. 그러나 인간의 본성에 대한 논의는 이 두 가지만 있는 것이 아니다. 맹자와 순자의 인성론은 단지 다양한 인성론의 양극단을 차지하고 있을 뿐이다.

중국에서 전개되었던 인성론의 다양한 양상은 중국의 후한시대後漢時代에 철학자 왕충 王充, 30?~100?에 의해 정리되어 그의 주저인 《논형論衡》의 〈본성本性〉편에 실려 있다.

주周나라 사람 세석世碩은 사람의 본성에는 선도 악도 있다고 했다. 그의 주장에 따르면 사람의 선한 본성을 기르면 그 선함이 자라고, 반면 악한 본성을 기르면 악함이 자라난다. (……)

맹자는 사람의 본성이 모두 선하다고 했다. 그는 사람이 선하지 않은 경우는 외물이 선한 본성을 어지럽혔기 때문이라고 설명한다. 다시 말해 사람은 이 세상에 태어났을 때부터 모두 선한 본성을 가지고 있지만, 성장해서는 외물과 관계하기에 방종하고 윤리를 어기게 되어 선하지 않음이 나날이 자라게 된다는 것이다. (……)

맹자와 동시대 사람인 고자는 인간의 본성에는 선과 악의 구분이 없다고 하면서 그 비유로 '소용돌이치는 물'을 들었다. 소용돌이치는 물을 동쪽으로 흘러가도록 터주면, 이 물은 동쪽으로 흘러간다. 또한 이 물을 서쪽으로 흘러가도록 터주면, 이 물은 서쪽으로 흘러간다. 그렇지만 소용돌이치는 물 자체에는 동쪽이니 서쪽이니 하는 방향의 구분이 원래 없었다. 이것은 사람에게는 선과 악이라는 구분이 원래 없었던 것과 마찬가지다. (……)

맹자의 인성론에 반대했던 순자는 사람의 본성은 악한 것이라고 했다. 그리고 만약 사람이 선해진다면 그것은 인위[僞]의 결과라고 주장했다. 사람의

■■ 왕충과 《논형》
중국 한대(漢代)에 활동한 독창적인 사상가로, 합리주의적인 사고방식에 입각한 철학을 폈다. 왕충은 미신적 사고가 만연하던 당시 시대에서 매우 예외적으로 모든 것은 구체적인 확증과 실험을 통한 증거에 의해 뒷받침되어야 한다고 여겼다. 왕충의 사상은 크게 주목받지 못하다가 현대에 들어 과학적 사고와 비판정신이 중요한 이슈로 대두하면서 새롭게 주목받기 시작했다. 그의 대표작 《논형》은 총 30권 85편으로 이루어진 대작으로, 당시의 자연과학적 성과를 반영하고 있으며, 이에 기초해 사람과 자연의 관계를 재해석한 철학서이다. 공자와 맹자를 비롯, 유교이념을 비판적으로 보았기 때문이 한때 이단시되기도 했다.

본성이 악하다는 것은 사람들은 태어날 때부터 모두 악한 본성을 가지고 있다는 것을 말한다. 순자의 인위란 인간이 성장해서 선을 실천하기를 힘쓴다는 것을 말하는 것이다. (……)

육가陸賈는 이 세상이 인간을 낳을 때 예의禮義의 본성을 주었다고 말한다. 그에 따르면 인간은 자신이 받은 명령, 즉 예의의 본성을 살펴서 이에 순종하면 된다. (……)

동중서董仲舒는 순자와 맹자의 이론을 살피고 나서 인간의 본성은 선과 악이라는 두 가지 측면을 다 가지고 있는 것이라고 주장했다. (……)

유자정劉子政은 인간의 본성은 우리 자신에게 있지만 겉으로 드러나지 않는 것이라고 주장했다.

《논형》〈본성(本性)〉편

왕충은 자신이 살던 시대에까지 유행했던 인성론을 무려 일곱 가지나 늘어놓고 있다. 하지만 왕충의 논의를 본성·선·악이라는 세 범주로 분류해보면 다음과 같은 네 가지 논의로 정리될 수 있다. 그 첫째가 인간의 본성은 선하다는 성선설이고, 둘째는 인간의 본성은 악하다는 성악설이며, 셋째는 인간의 본성은 선하기도 하고 동시에 악하기도 해서 두 가지 측면을 모두 갖추고 있다는 성선악혼설性善惡混說이고, 마지막 넷째는 인간의 본성에는 애초에 선과 악의 구분이 없다는 성무선악설性無善惡說이다.

흥미로운 것은 성무선악설을 주장했던 고자를 제외하고는 모두 인간의 본성을 선, 악이라는 범주와 연결시키고 있다는 점이다. 그렇다면 고자는 왜 인간의 본성을 선악 개념으로 정의하기를 거부했을까? 이 질문에 대한 답을 얻기 위해서는 인성론이 선악 개념과 결부되어 다루어지게 된 이유가 무엇인지부터 살펴볼 필요가 있다. 이를 위해 맹자의 성선설과 순자의 성악설에 대해 알아보기로 한다. 성선악혼설은 맹자와 순자의 입장을 절충하고 있는 논의에 불과하기 때문에 여기서는 다루지 않기로 하겠다.

인성론과 정치의 은밀한 관계

맹자가 말하고자 했던 것은 무조건적으로 모든 인간이 선하다는 것은 아니었다. 오히려 맹자는 현실의 인간이 악할 수 있다는 점을 받아들인다. 왕충이 지적한 것처럼 인간은 외물의 유혹을 받아서 악하게 될 수도 있기 때문이다. 맹자에게 있어 이 점은 인간이 유한한 육체를 가지고 삶을 살아갈 수밖에 없다는 명백한 사실로부터 기인한다. 다시 말해 아무리 선한 마음을 가지고 있어도 배고픔이나 갈증, 또는 성적인 욕망 등이 일어나면 인간은 악을 행할 수밖에 없는 것이다. 그럼에도 불구하고 맹자는 인간이 선하게 될 수 있는 잠재성을 항상 가지고 있다는 점을 강조한다. 맹자는 그 증거로 선천적인 선의 네 가지 단초[四端], 즉 측은지심, 사양지심, 수오지심, 시비지심을 언급하고 있다. 그러나 맹자의 성선설은 단순히 이 정도 논의에서 그치는 것이 아니다. 그는 선의 단초들이 일상생활에서 갑자기 드러나더라도 주체가 이것을 의식하고 키우지 않는다면 결코 선해질 수 없다고 역설한다. 중요한 것은 바로 이 지점이다. 맹자 성선설의 핵심 논점은 인간이란 존재는 외적인 감시나 강제 없이도 주체 스스로의 결단을 통해 선하게 될 수 있다는 것이다. 때문에 얼마나 스스로 수양을 잘했는지의 여부가 사회적인 평판과 아울러 권위와 부의 차별적 소유를 정당화하는 근거로 작용한다. 맹자가 대인이며 군자이기에 진정으로 백성을 다스리는 위정자가 될 수 있었다고 역설한 점은 이런 정황을 그대로 반영하고 있다. 따라서 맹자의 열띤 인성 논정은 결국 정치적이고 사회적인 위계관계를 정당화하는 이론적 토대가 되는 셈이다.

순자의 성악설은 외적인 감시나 강제를 거부하는 맹자의 성선설을 표적으로 삼고 있다. 순자가 인간의 본성을 악하다고 본 이유는 그렇게 전제해야만 외적인 감시나 사회적 통제가 정당화될 수 있었기 때문이었다. 다시 말해 성악설의 요점은 인간의 원초적 본성은 악하고 이기적이라는 것을 말하려는 것이 아니었다. 인성론에 있어서의 순자의 선악 개념은 기본적으로 사회적이고 정치적인 의미를 강하게 띠고 있다. 그에게 있어 '선'이 사회적 질서가 확보된 상태를 가리킨다면, '악'이란 다른 구엇보다도 사회적 무질서의 상태를 가리키기 때문이다. 그렇다면 우리는 순자가 맹자의 성선설을 공격할 때 왜 다음과 같은 논평을 펼치고 있는지 어렵지 않게 이해할 수 있을 것이다.

> 지금 진실로 사람의 본성을 올바르고, 질서 있고, 공평하고, 다스려진 것으로 생각한다면, 성왕聖王은 무슨 소용이 있으며 예의는 무슨 소용이 있겠는가! 비록 성왕과 예의가 있다 할지라도 올바르고 질서 있

고 공평하고 다스려진 것에 무엇을 더할 수 있겠는가!

《순자》〈성악(性惡)〉편

맹자의 말대로 인간이 스스로 선해질 수 있다면 군주로 대표되는 국가 공권력과 예의로 대표되는 사회 규범은 무슨 소용이 있겠는가? 결국 순자가 맹자를 비판했던 본질적인 이유는 그의 성선설이 국가질서와 사회질서의 정당성을 근본적으로 훼손할 수 있기 때문이다. 왕충이 지적했던 것처럼 순자는 군주의 공권력이나 성인의 교화를 인위[僞]의 작용이라고 보고, 사회의 구성원들을 선하게 만드는 것은 인위적 통치에 의해서일 뿐이라고 주장했던 것이다. 이 점에서 맹자와 순자의 인성론을 비교해 살펴보면 다음과 같은 사회·정치적 함의를 이끌어낼 수 있다. 즉 맹자의 성선설이 개체의 사회적 자율성을 보다 더 강조한다면, 순자의 성악설은 개체의 사회적 자율성을 근본적으로 부정하고 있다고 말이다.

그러나 두 사람의 논의에는 유사한 정치적 함의도 들어 있다. 맹자와 순자의 인성론은 사회적 대인관계 또는 위계질서를 안정시키고 유지하는 것을 목적으로 했기 때문이다. 따라서 중국철학에서의 인성론 발달은 정치적 위계질서를 확고히 한다는 주된 목적과 밀접하게 연관되어 진행된 셈이다.

> 제도와 관습으로 규정될 수 없는
> 고유한 개체의 삶

맹자가 의도했던 것은 인간이 스스로의 노력에 의해 사회생활을 조화롭게 해나갈 수 있도록 하는 것이었다. 맹자의 성선설이 어느 정도 혁명적일 수 있는 이유가 여기에 있다. 이 논의가 극단화되면 일체의 외부적 간섭, 심지어 군주의 통치권도 부정할 수 있기 때문이다. 반면에 순자의 성악설은 인간은 스스로의 노력이 아니라 오직 외적인 교화에 의해서만 사회생활을 조화롭게 해나갈 수 있다는 점을 역설하고 있다. 이 점은 또한 춘추전국시대에 법가 사상을 집대성한 그의 제자 한비자의 인성론이 어디에서 기원했는지를 잘 설명해준다. 물론 한비자가 그의 스승 순자처럼 본성의 문제를 직접 논의한 것은 아니다. 그러나 한비자는 기본적으로 인간을 순자의 입장에서 파악하고 있다. 그에 의하면 인간이란 선천적으로 공리를 추구하는 존재이기 때문에 이익을 좋아하고 손해를 보려고 하지 않는다. 따라서 그대로 내버려두면 결코 사회질서가 제대로 유지될 수 없다고 보았다.

중국에서의 인성론이 선악 개념과 결부되어 다루어졌던 이유가 여기에 있다. 맹자와 순자를 포함한 대부분의 중국 철학자들이 순수하게 인간의 본성만을 탐구했던 것은 아니다. 오히려 그들은 사회적이고 정치적인 관심을 가지고 인성론을 구성하고 변형시켜왔다. 중국 역사에 있어서 호족이나 지주들이 맹자의 성선설을 국가 공권력에 저항하기 위한 논거로도 사용했다면, 순자나 법가의 성악설은 군주가 국가 공권력을 정당화하는 논거로 사용했다. 결국 중국 철학사에서 다양한 인성론이 전개된 것은 사실이지만 인간의 본성에 대한 진지한 철학적 고민은 별로 없었다고 말할 수 있다. 고자의 인성론이 철학사적으로 중요한 위치를 차지하는 이유가 바로 여기에 있다. 그는 본성 차원에서 애초부터 선과 악의 논의를 입에 올리지 않았다. 그리하여 기본적으로 인간의 본성에 대해 논하면서 관습화된 사회적·정치적 시선으로부터 벗어날 수 있었던 것이다. 다음은 인간의 본성을 놓고 맹자와 논쟁을 벌였던 고자의 말이다.

> 본성은 버드나무와 같다. 의로움은 버드나무로 만든 나무 술잔과 같다. 인간의 본성을 어질고 의롭다고 하는 것은 마치 버드나무를 나무 술잔으로 여기는 것과 같다.
>
> 《맹자》〈고자(告子)·上〉편

고자는 철저한 개체주의자였고, 고유한 삶의 철학자로서 자신의 길을 걸어갔던 인물이었다. 맹자가 버드나무 안에는 나무 술잔이 될 수 있는 선한 본성이 있다고 주장하는 반면에, 순자는 버드나무 안에는 나무 술잔이 되지 않으려는 악한 본성이 있다고 주장한다. 하지만 두 사람은 개체의 삶이 다른 무엇과도 바꿀 수 없는, 꿈틀거리는 생명이라는 사실을 놓치고 있다. 맹자의 주장이 옳다고 해도 물가에서 하늘거리며 살아가는 버드나무는 자신의 본성을 실현하기 위해, 즉 나무 술잔이 되기 위해 죽어야만 한다. 또한 순자의 주장이 옳다고 해도 사람들은 교화라는 인위僞의 명목을 내세워 도끼와 톱으로 버드나무를 베어버리고 말 것이다.

그러나 고자에게 중요했던 것은 버드나무는 살아 있고, 나무 술잔은 이미 죽었다는 분명한 사실이다. 그에게는 삶과 죽음이 이미 이렇게 엄청난 차이를 갖고 있는 것이다. 고자의 눈에 그 차이를 없애려는 모든 논의들은 개체의 삶을 부정하고 죽음을 찬양하는 논의에 불과한 것으로 비쳤다. 따라서 결국 고자의 인성론은 반정치적이며 동시에 반사회적인 논의로까지 흘러갈 수 밖에 없던 것이다. 그는 일체의 사회적인 관습의 폭력, 인위적인 교화와 제도의 억압을 부정하고 개체의 고유한 삶이 지닌 유동성과 약동만을 눈여겨보았기 때문이다. 고자의 인성론이 지닌 이러한 특징은 중국 철학사에서 논의된 다양한 인성론들이 모종의 사회적·정치적 이념에 속해 있다는 점을 잘 보여주고 있다.

♋️ 이슈 3

강제된 도덕은 윤리적인가?

동방예의지국의 윤리

군대나 회사의 규율, 상급자나 독재자 또는 왕의 명령을 충실히 따르는 것은 윤리의 영역에서 벗어난 일들이다. 더 정확히 말하면 주체가 거부하기 힘든 타율heteronomy의 상황이기에 오히려 반윤리적이라고 해야 할 것이다. 우리나라의 버스나 지하철에 경로석이 있었다. 지금은 노약자 지정석으로 이름이 바뀌었지만 여전히 노인들이 당당하게 차지하는 자리로 남아 있다. 조선시대에는 신분에 따라 거주하는 곳이 달랐던 적이 있었다. 어느 곳에는 가서는 안 되고 어느 곳에는 가는 것이 허용되는 범위가 정해져 있었다. 그렇다면 이 제도는 분명 타율적 제도였다고 말할 수 있다. 그런데 경로석은 위의 경우와는 전적으로 다른 자율적인 제도일까? 혹시 타율을 정당화하는 제도는 아닐까?

대중교통을 이용할 때 노인에게 자리를 양보하는 것은 분명히 윤리적으로 선한 일이다. 그러나 여기에는 조건이 있다. 젊은이들이 일체의 외적인 간섭을 받지 않고 자율적으로 노인들에게 자리를 양보할 수 있어야만 한다는 것이다. 만약 자리를 양보하지 않았을 때 겪을 피해, 노인의 고함과 욕설 또는 주변 어른들의 꾸지람 등이 무서워 어쩔 수 없이 자리를 양보했다면, 우리의 행위는 윤리적으로 가치 없는 것이 되고 만다. 결코 자율autonomy에 의해서 이루어진 행위가 아니기 때문이다.

따라서 아무리 예절 바른 행동이라도 자율적으로 행한 것이 아니라면 결국 도덕적으로 무가치한 것이 되고 말 것이다. 어린 아이가 어른을 보면 인사를 잘한다고 해서 윤리적으로 선하다고 할 수 없는 것과 마찬가지다. 단지 가정교육을 잘 받아서 훈련된 대로만 행동할 뿐이기 때문이다. 만약 아이가 윤리적으로 선하다고 말할 수 있다면 주인이 퇴근했을 때 반갑게 맞이하는 애완견에 대해서도 윤리적으로 선한 존재라고 의미 있게 말할 수 있어야 할 것이다.

우리는 스스로 동방예의지국의 후손이라고 자랑하곤 한다. 그러나 조선시대 내내 지켜졌던 예절과 법도들이 과연 윤리적이었는가? 여성들이 죽을 때까지 지켜야 했던 삼종지도는 과연 윤리적이었는가? 아버지가 양반이라는 이유로 자식도 양반으로서의 품위를 지키려고 했던 것이 과연 윤리적이었는가? 양반과 상놈을 구별하는 것이 과연 윤리적이었는가? 남편이 첩을 들였을 때에도 질투하지 않으려고 했던 노력이 정말 윤리적이었는가?

위의 질문에 대해 윤리적이라고 대답할 사람은 많지 않을 것이다. 대부분 기본적으로 타율적인 것, 어찌할 수 없는 강압적인 상황에서 이루어진 것들이기 때문이다. 따라서 우리는 어쩌면 우리의 자랑이었던 동방예의지국을 부끄러워해야 할지도 모른다.

윤리적 태도에 대한 세 가지 입장

윤리는 타율과는 가장 먼 곳에 있어야 한다. 그렇지 않다면 종교적 계율이나 관습적 명령에 지나지 않은 구속이 될 것이다. 철학적으로 윤리는 인간의 자유를 증거하며, 동시에 인간의 자유를 실현하는 것이다. 자유自由라는 말은 '스스로'라는 뜻의 '자自'와 '근거한다'는 뜻의 '유由'로 구성되어 있다.

비록 일본 사람들이 'freedom'이나 'liberty'라는 말을 번역하는 과정에서 우연히 나타난 개념이라고 할지라도 이 말에는 '스스로에 근거한다'는 의미가 포함되어 있다. 따라서 우리가 자유롭다면, 우리 자신이 스스로에 의해서 행동한다는 의미를 갖는다. 그러므로 윤리란 오직 우리 자신, 즉 주체의 내부에 그 원인을 두고 행하는 행위에 대해서만 의미를 갖는 것이다.

이런 원칙에 비추어볼 때 맹자의 측은지심과 같은 동정심 sympathy은 윤리적이라고 말할 수 있는가? 측은지심은 분명 외부의 강제나 감시가 아니라 주체의 내면으로부터 나오는 것이기 때문에 윤리적이라고 말할 충분한 근거가 있는 것처럼 보인다. 동정심이 윤리적일 수 있는가의 여부를 검토하기 위해 우리는 먼저 서양 철학사에서 논의되었던 윤리학적 논거들을 알아둘 필요가 있다.

앞에서 살펴본 것처럼 아무리 예절 바른 행동을 하더라도 타율적인 행위는 윤리라는 범주에 속하지 않는다. 잘해야 정치적인 행동일 뿐이다. 따라서 윤리란 오직 주체의 자율적 행동을 통해서만 가능하다고 말해야 한다. 흥미로운 것은 이 점을 정당화하는 윤리학적 논의가 서양 철학사에 세 가지나 등장한다는 것이다. 다음은 이 세 가지 윤리학적 입장을 살펴보기 위한 질문이다.

거짓말을 하는 것이 자신에게 더 이로울 때에도
우리는 왜 정직해야만 하는가?

첫째는 공리주의Utilitarianism의 대답이다. 공리주의에 의하면 인간은 모든 것을 헤아려 살필 때 정직하게 행동하는 것이 보다 이로운 결과를 낳는 행동이라고 계산한다. 거짓말을 하면 잠시 불편한 상황을 모면할 수 있지만 계속 거짓말을 하게 되면 결과적으로 믿음을 잃거나 사기죄로 교도소에 갈지도 모르기 때문이다. 따라서 공리주의자들은 장기적인 이득을 위해서는 정직한 것이 훨씬 낫다고 주장한다.

둘째는 감정주의의 대답이다. 감정주의는 동정심이나 양심의 가책 같은 인간 감정을 강조하는 사람들이 지지하는 윤리학적 입장이다. 그들에 의하면 자신의 이익을 위해 거짓말을 해야 할 경우에도 우리는 자신을 강하게 사로잡는 양심의 소리를 듣게 된다는 것이다. 때문에 그들은 양심의 가책 같은 감정을 결코 거부할 수 없다고 본다. 순간적으로 양심을 외면할 수는 있겠지만 그것은 거짓말을 하지 않았을 때 겪게 될 불편함보다 더 강하고 더 지속적인 불편함을 나에게 줄 것이라고 주장한다.

셋째는 유명한 칸트Immanuel Kant, 1724~1804의 대답이다. 칸트의 윤리학은 이성의 윤리학이라고 불린다. 다시 말해 우리는 보편적인 규칙을 따르라고 요구하는 이성의 명령을 행하기만 하면 되는 것이다. 칸트에 의하면 이 경우 거짓말을 하는 것은 결코 이성의 보편적인 규칙이 될 수 없다. 거짓말쟁이도 보편적으로 누군가가 자신에게 거짓말하는 것을 원치 않기 때문이다. 따라서 칸트는 모든 인간이 타인에게 거짓말을 해서는 안 되는 이유는, 양심이 상처를 입고 괴로워하기 때문이 아니라, 우리의 합리적이고 보편적인 이성의 판단력이 거짓말을 금하고 있기 때문이라고 본다.

동정심은 윤리의 토대로 적합한 것인가?

측은지심으로 상징될 수 있는 맹자의 윤리학은 기본적으로 '감정주의 윤리학'이다. 여기서 '감정'이란 어떤 상황에 처했을 때 주체의 판단이나 깊은 생각을 거치지 않고 직접적으로 그리고 자발적으로 나타나는 마음의 상태를 말한다. 측은지심과 같은 도덕 감정은 분명히 외부의 강제나 감시가 아닌 우리의 내면으로부터 나타나는 것이다. 따라서 맹자의 윤리학은 타율 도덕이 아닌 것처럼 보인다.

그러나 과연 감정주의 윤리학은 철학적으로 옳은 것일까? 인간에게는 과연 선한 감정만이 존재하는가? 맹자의 논증처럼 측은지심 같은 선한 도덕 감정들만이 논리적인 생각을 거치지 않고 곧바로 나타나는 것은 아니다. 시기심, 질투, 분노 등도 불쑥 불쑥 마음에서 솟구친다. 따라서 우리가 맹자의 감정주의 윤리학이 타당하다고 인정하면, 자신의 감정을 주체하지 못해 로마를 불태웠던 네로 황제에 대해서도 아무런 비판을 할 수 없을 것이다. 네로 황제는 내면의 반성 없이 파괴와 살육의 감정을 느꼈고, 그 감정에 충실했던 사람일 뿐이기 때문이다.

이 점에서 맹자의 감정주의 윤리학은 결코 성공적이지 못한 이론이다. 감정주의 윤리학이 윤리적으로 타당한 의미를 가지려면 도덕 감정을 넘어서는 이성적인 기준이 요구될 수밖에 없다. 다시 말해 인간의 내면에 존재하는 많은 감정들 중 왜 측은지심과 같은 동정심이 선한 것인지를 판단할 수 있는 기준이 먼저 존재해야만 한다.

우리는 자신과 친밀한 사람에 대해서는 더 강한 측은지심을 느끼고, 자신과 가깝지 않은 사람에 대해서는 그가 목숨을 잃을 만큼 큰 상처를 입었다 해도 별로 괴로워하지 않는 법이다. 인간의 측은지심과 같은 동정심은 이처럼 시시각각 모습을 달리한다. 그렇다면 이런 변덕스러운 인간의 감정을 근거로 어떻게 보편적인 윤리의 문제를 논할 수 있겠는가? 보다 합리적이고 보편적인 이성적 판단과 잣대가 필요한 이유가 바로 여기에 있다.

에필로그
Epilogue

1 지식인 지도
2 지식인 연보
3 키워드 찾기
4 깊이 읽기
5 찾아보기

EPILOGUE 1

지식인 지도

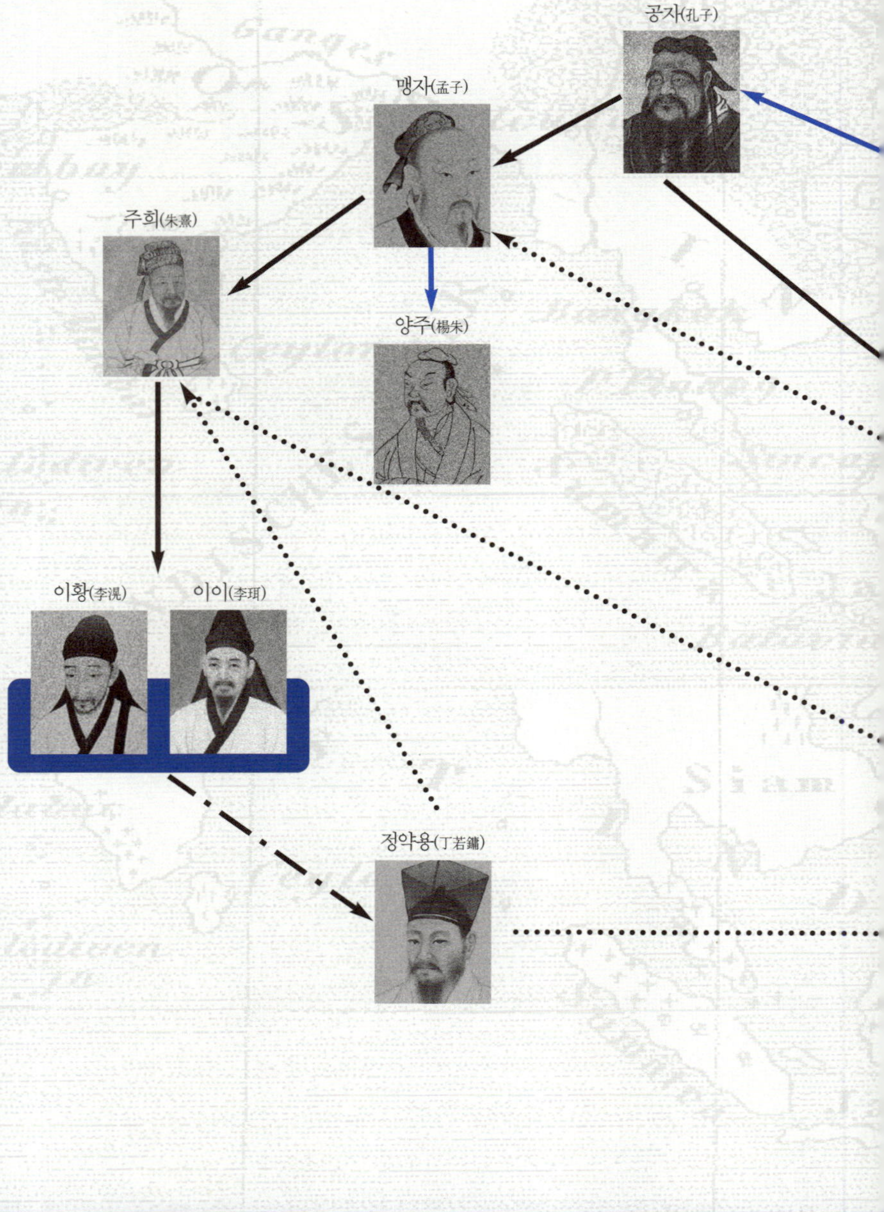

공자(孔子)

맹자(孟子)

주희(朱熹)

양주(楊朱)

이황(李滉) 이이(李珥)

정약용(丁若鏞)

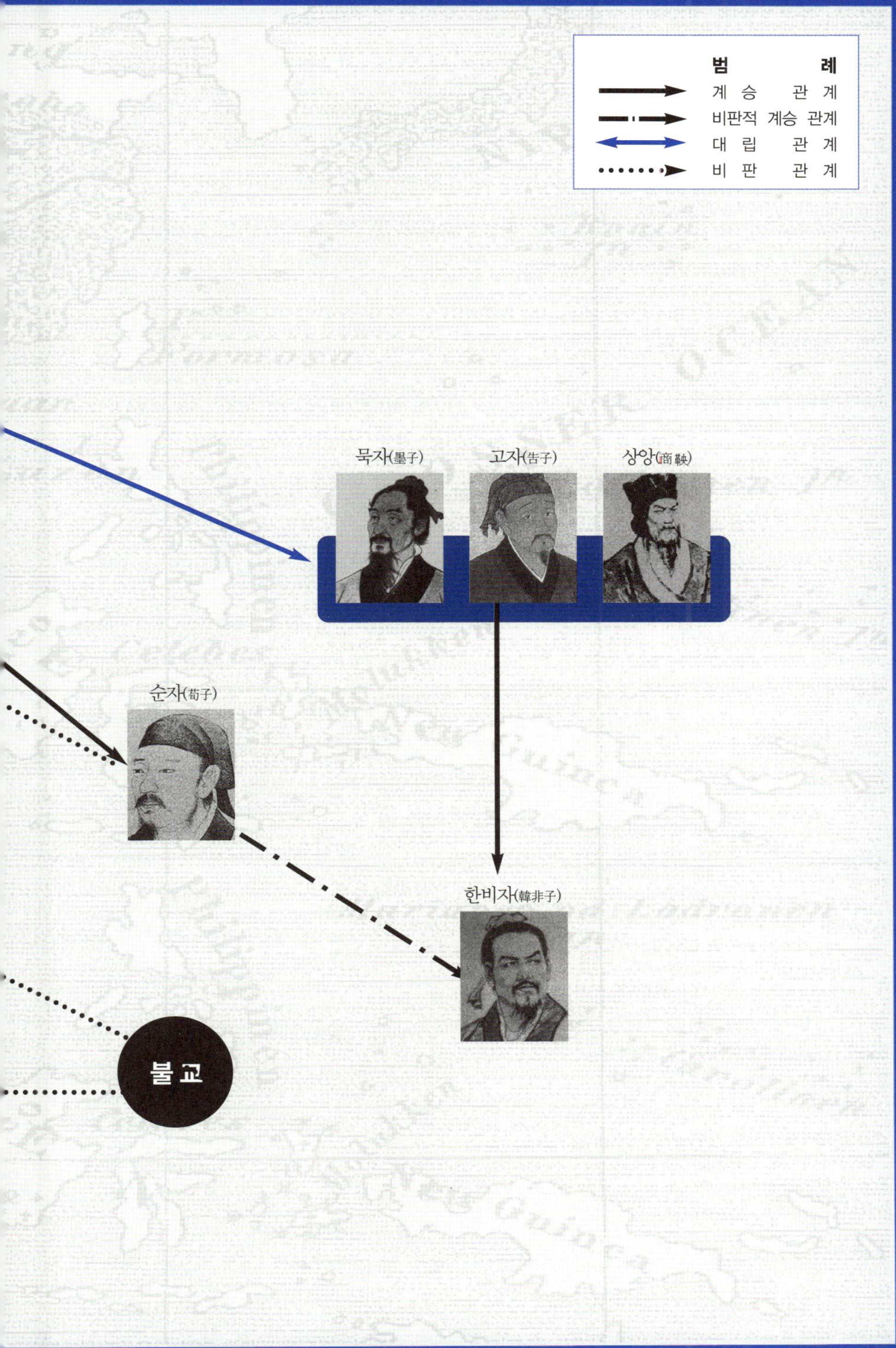

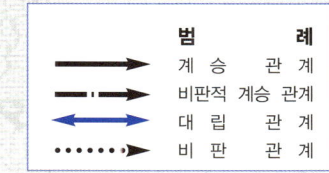

범 례
→ 계 승 관 계
⇢ 비판적 계승 관계
↔ 대 립 관 계
⋯▶ 비 판 관 계

묵자(墨子) 고자(告子) 상앙(商鞅)

순자(荀子)

한비자(韓非子)

불교

EPILOGUE 2

지식인 연보

• 공자

BC 551	노魯나라 창평향昌平鄕에서 태어났다. 이름은 구丘. 그의 아버지 이름은 숙량흘叔梁紇이었고, 어머니 이름은 안징재顔徵在였다.

BC 549	아버지 숙량흘이 사망하면서 집안 살림은 더욱 어려워졌고 그는 불가피하게 생계에 도움이 되는 여러 가지 일들을 하게 되었다.

BC 533	노나라에서 창고의 물건을 관장하는 낮은 관직인 위리委吏를 맡았고, 계관씨의 집안 딸과 결혼했다.

BC 531	가축을 기르는 낮은 관직인 승전리乘田吏를 맡았다.

BC 571	노나라 소공昭公이 휘하에 있는 대부를 제거하려고 하다가 도리어 대부들에게 쫓겨 제齊나라로 망명하는 사건이 벌어졌다. 이때 공자는 소공을 따라 제나라로 들어갔다.

BC 510	제나라로 망명했던 소공이 객사하고, 정공定公이 노나라 군주에 취임했다.

BC 501	공자는 노나라에서 중도재中都宰라는 고위직을 맡았다.

BC 500	노나라 정공이 제나라 경공과 화평하기 위해 협곡이란 곳에서 회합할 때 공자는 예를 돌보는 관리로 정공을 수행했다.

BC 499	정공을 수행해서 외교상의 업적이 많다는 이유로 육경六卿 중 하나인 사공司空을 맡았다. 공자는 그 다음 해에 사구司寇가 되어 노나라 왕권을 강화하려고 시도했지만 실패했다.

BC 497	모든 벼슬을 내던지고 자신의 이상을 실현할 군주를 다시 찾아나섰다.

BC 484   13년 동안 70여 나라를 돌아다녀도 자신의 정치 소신을 펼칠 수 없었던 공자는 결국 계강자季康子의 초청으로 노나라로 되돌아온다.

BC 480   공자가 사랑했던 또 한 명의 제자 자로子路가 위衛나라에서 벼슬살이를 하다가 내란에 휩쓸려 사망했다.

BC 479   공자가 사망하자 노나라 애공哀公이 공자의 덕을 추모하는 글을 지어 보냈다.

• 맹자

(맹자의 생몰 연대에 대해서는 여러 입장이 있는데 그중 BC 372~289의 사례를 따라 연보를 기술했다.)

BC 372   추鄒라는 작은 나라에서 태어났다. 이름은 가軻였다.

BC 325   처음으로 제齊나라로 가서 위왕威王에게 자신의 주장을 펼쳤다.

BC 323   송宋나라로 자신의 뜻을 펼치러 갔다가 실패했다. 이때 훗날 등滕나라 문공文公이 될 등나라 태자를 만났다. 등나라가 비록 작지만 맹자는 유학 사상을 따르게 되면 훌륭한 나라가 될 수 있을 것이라고 태자에게 말했다.

BC 322   제자 악정극樂正克이 노나라의 정사를 담당하자 자신의 학술이 실행될 것이라는 희망을 가졌다. 그러나 부푼 기대를 안고 노나라로 간 맹자는 별다른 성과를 얻지 못하고 다시 등나라로 유세하러 갔다.

BC 321   그가 등나라에 있을 때 허행許行이 유세하러 왔다. 맹자는 사회분업이 필요하다는 취지로 허행과 한판 논쟁을 펼쳤다.

BC 320   양梁나라 혜왕惠王을 만나서 이익의 정치가 아닌 인의仁義의 정치를 해야 한다고 유세했다.

BC 319   연로한 양나라 혜왕이 죽고 그의 아들 양왕襄王이 즉위하자 맹자

	는 새 임금을 만나지만 그의 역량에 몹시 실망한다. 이어 다시 제나라로 돌아간 그는 선왕宣王을 만나 인정仁政에 대해 유세했다.
BC 312	제나라를 떠나 송나라 땅인 휴읍休邑에 거주하게 된다. 이때 송견宋銒을 만나 논쟁을 벌였다.
그 후	맹자가 죽은 정확한 연도는 알려져 있지 않다. 그러나 맹자는 죽을 때까지 만장萬章, 공손추公孫丑 같은 제자들과 함께 자신의 사상을 담은 책(지금은 《맹자孟子》로 알려진)을 저술하는 데 여생을 바쳤다고 전해진다.

EPILOGUE 3

키워드 찾기

- **예禮** 주나라는 두 가지 통치 수단을 가지고 있었다. 그 하나가 귀족들에게만 적용되었던 예禮라는 규범이었다면, 다른 하나는 피지배층들에게 적용되었던 잔인한 형벌[刑]이었다. 공자는 이 중 예만을 선택하여 지배층이나 피지배층 모두에게 적용되는 윤리 규범으로 확장하였다. 하지만 맹자는 공자와는 달리 예를 우리가 선천적으로 가지고 있는 도덕 감정 중에서 타인을 공경하고 타인에게 양보하는 '사양지심辭讓之心'이 실현된 것이라고 본다.

- **인仁** 공자의 인은 예를 내면화해서 자신의 행동 규칙으로 삼는 것을 말한다. 그러나 맹자는 인을 '측은지심惻隱之心'이라는 일종의 동정심의 실현과 관련된 것으로 간주한다. 공자와 맹자의 사상을 형이상학적으로 체계화시켰던 주희는 인이 인간의 본성일 뿐만 아니라 세계의 본질이라고 주장한다. 그에 이르러 인은 세계를 생성하는[生] 힘이라는 의미를 갖게 된다. 그러나 정약용은 이런 주희의 입장을 공격한다. 그에게 인은 기본적으로 '측은지심'이란 동정심을 느낀 사람이 위험을 무릅쓰고 위기에 빠진 타인들을 구했을 때에만 부여받을 수 있는 사후적인 가치 덕목이었기 때문이다.

- **서恕** 후대의 사람들은 이 서恕라는 한자를 '같다[如]'와 '마음[心]'으로 나누어 설명하기도 한다. 다시 말해 "타인의 마음을 나의 마음과 같다고 생각하는 것"이 서의 의미라는 것이다. 공자는 서라는 행위원리를 다음과 같이 정식화한다. "자신이 원하지 않는 것을 남에게도 행하지 말라." 여기서 '자신이 원하지 않는 것[己所不欲]'이라는 표현을 주목해야 한다. 여기서 중요한 것은 주체가 자신을 반성하지 않는다면, 즉 '자신이 원하는 것'이 무엇인지에 대해 반성하지 않는다면, 서라는 행위원리는 아무런 의미도 없다는 점이다.

- **사단四端** 맹자가 우리 인간의 본성으로부터 유래한다고 주장했던 네 가지 도덕 감정을 가리키는 용어다. 타인이 위기에 빠질 때 그를 동정하는 마음

으로서의 '측은지심惻隱之心', 어떤 행위에 대해 부끄럽게 여기는 마음으로서의 '수오지심羞惡之心', 어른을 만나면 그에게 양보하게 되는 마음으로서의 '사양지심辭讓之心', 그리고 어떤 사태에 대해 옳고 그름을 판단하는 마음으로서의 '시비지심是非之心'이 바로 사단이다.

- **태극太極** 주돈이周敦頤의 〈태극도설太極圖說〉에서 나온 개념이다. 주희는 태극을 이 세계를 생성시키는 근본적인 원리, 만물을 생성시키면서 동시에 그 만물들 안에 내재된 원리라고 주장한다. 태극은 모든 만물들을 생성시키는 최종 원리라는 점에서 초월적이고, 동시에 모든 만물들에 내재한다는 점에서 내재적인 것이다. 태극이 인간 안에 내재된 것을 본성性이라고 부르고 사물에 내재된 것을 이치理라고 부르기도 한다.

- **미발未發** 《중용》에 다음과 같은 구절이 등장한다. "기뻐하고 노여워하고 슬퍼하고 즐거워하는 감정이 '드러나지 않은 상태[未發]'를 '중中'이라고 하고, 이런 감정들이 드러나 모두 절도에 맞는 상태를 '화和'라고 한다." 주희는 미발의 마음 상태를 단순히 희로애락이라는 감정뿐만 아니라 생각을 포함한 일체의 주체적 작용이 아직 드러나지 않은 상태라고 본다. 따라서 이 미발의 때에 우리는 본성을 직관하고 기르는 함양 공부를 해야만 한다. 반면에 정약용은 《중용》에 나오는 원문을 그대로 읽는다. 그는 미발이란 '희로애락'의 감정만 없는 마음의 상태라고 여긴다. 정약용에 의하면 미발의 때에 인간에게는 두려워하거나 삼가는 경건한 마음의 태도, 윤리적 반성 또는 외부 사태의 이치를 탐구하기 위한 사유 행위 등이 모두 가능해진다.

- **권형權衡** 권형은 원래 '저울로 물건의 무게를 재는 것'을 의미한다. 하지만 정약용의 권형은 어떤 행동을 선택하고 결단하는 윤리 주체를 가리킨다. 그는 윤리 주체를 유학 사상에 도입함으로써 선과 악에 대한 윤리적 책임을 설명할 수 있게 된다. 윤리적 주체란 다름 아닌 자신의 행동에 책임을 지는 주체이기 때문이다. 정약용은 권형이란 개념을 도입함으로써 유학을 형이상학으로 변질시킨 주희의 성리학을 극복하고, 유학을 실천적 윤리학으로 되돌려놓으려고 했다.

EPILOGUE 4

깊이 읽기

❖ 《논어》와 《맹자》에 대한 번역서

• 김학주 역주, 《논어》 - 서울대학교출판부, 2003

시중에는 헤아릴 수 없이 많은 《논어》 번역본들이 나와 있는데 그중에서 가장 무난하고 가독성이 높은 것이 바로 김학주가 번역한 책이다. 이 책의 미덕은 상당한 지면을 할애하여 공자의 생애와 그의 사상에 대한 참고 자료를 싣고 있다는 점이다.

• 홍인표 역주, 《맹자》 - 서울대학교출판부, 1992

《논어》와 마찬가지로 《맹자》도 많은 번역본들이 나와 있다. 그중에서 가급적 맹자 본인의 사상을 충실히 전달하기 위해 노력한 흔적이 많이 담겨 있는 것이 홍인표가 번역한 책이다. 그의 번역서는 누구나 쉽게 읽고 이해할 수 있을 정도로 가독성이 높다는 장점을 가지고 있다.

❖ 공자와 맹자 사상에 대한 연구서

• 신정근, 《사람다움의 발견》 - 이학사, 2005

공자 사상의 한 축을 형성하는 '인仁'에 관심 있는 독자들은 반드시 읽어야 할 필독서다. 내용과 분량이 만만치 않은 대작이어서 읽기 힘들 수도 있지만 이 연구서는 많은 장점을 지니고 있다. 그중 가장 대표적인 것이 후대에 공자가 어떻게 이해되었느냐는 관점을 취하지 않고 어떻게 해서 공자의 사상이 발생하게 되었는지를 설득력 있게 기술하고 있다는 점이다.

• 백민정, 《맹자:유학을 위한 철학적 변론》 – 태학사, 2005

맹자 사상에 대한 참신한 연구서다. 저자는 여성 학자 특유의 섬세한 시선으로 맹자의 유학 사상을 치밀하고도 비판적으로 분석하고 있다. 특히 동양 가부장제의 이론적 기초라고 할 수 있는 맹자의 사상을 여성 입장에서 비판적으로 보고 있어 독자들에게는 유학 사상의 한계를 이해하는 훌륭한 참고 자료가 될 수 있을 것이다.

❖ **유학 사상 이해에 필수적인 연구 문헌들**

• 진래陳來, 이종란 외 옮김, 《주희의 철학》 – 예문서원, 2002

공자와 맹자의 유학 사상을 형이상학적으로 체계화한 주희를 가장 포괄적으로 자세하게 다룬 연구서다. 현재 북경대학교 철학과 교수로 있는 저자는 주희에 대한 연구로 이미 세계적인 명성을 얻고 있는 학자다. 시중에 간략하지만 요령 있게 주희의 사상을 전달하는 다른 연구서가 없기 때문에 전문가가 보는 것이 더 적합한 이 책을 소개하게 되었다.

• 금장태, 《정약용:한국 실학의 집대성》 – 성균관대학교출판부, 1999

저자는 정약용에 대한 여러 권의 연구서와 수십 편의 논문을 발표했다. 위에 소개한 책은 저자가 지은 연구서 중에서 가장 가독성이 높다. 지금까지의 연구 성과를 기초로 정약용의 사상을 일반 독자들에게 친절하고 평이하게 소개할 의도로 쓴 책이기 때문이다. 정약용의 생애와 그의 문제의식을 분명하게 이해할 수 있는 훌륭한 지침서가 될 것이다.

EPILOGUE 5

찾아보기

ㄱ
감정의 윤리학 p. 80, 82
감정주의 p. 169-171
격물치지(格物致知) p. 112
고자 p. 17, 19, 82-88, 109, 116, 124, 159, 160, 164, 165
공리주의 p. 169
공맹지도(孔孟之道) p. 13, 19
군자 p. 35, 46-48, 51, 53-55, 74, 75, 161
권형 p. 129
극기복례(克己復禮) p. 38, 42

ㄴ
《논어》 p. 16, 26, 32, 41, 43, 57, 59, 60, 120, 181

ㄷ
대인 p. 74, 75, 77, 161
대종 p. 27, 28
대진 p. 120
《대학》 p. 120
도심(道心) p. 132, 133

ㅁ
《맹자》 p. 18, 82, 120
목적론 p. 82, 84, 86, 88
무극이태극(無極而太極) p. 106
묵자 p. 17, 61, 63, 96, 99, 100
미발 p. 102, 123-125

ㅂ
법가(法家) p. 16, 17, 29, 31, 34, 97, 163
본성 p. 19, 20, 66-68, 70-73, 75, 77, 79, 81, 83-93, 96, 97, 101, 102, 104, 105, 109, 111-117
분봉 p. 27

ㅅ
사단 p. 72, 74, 80, 89, 91, 102, 117
사랑 p. 37-40, 57, 63
사법적 반성 p. 47
《사서집주》 p. 120
사양지심 p. 67, 68, 71, 78, 88, 89, 92, 117, 136, 143-146, 160
삼강오륜 p. 13, 14
삼종지도 p. 155, 167
사회분업론 p. 76
삼강오륜 p. 28,
상앙 p. 29
서(恕) p. 18, 19, 51-57, 73, 139
성무선악설(性無善惡設) p. 159
성선설 p. 19, 66, 74, 77, 81-83, 87, 90, 93, 94, 96, 157, 159, 160-163
성선악혼설(性善惡混設) p. 159, 160
성악설 p. 81-83, 90, 151, 157, 159-163
성즉리(性卽理) p. 101
세계정신 p. 114-118
소인 p. 32, 35, 53-56, 75, 77
소종 p. 27, 28
소크라테스 Socrates p. 43-45

《소크라테스의 변명》 p. 43
수오지심 p. 68, 72, 77, 78, 89, 117, 136, 160
수치심의 정치학 p. 35
숙량흘 p. 16
순자 p. 19, 82, 90-97, 117, 157, 160-164
시비지심 p. 67, 68, 72, 78, 117, 138
신유학 p. 20, 98-101, 136
실학 p. 20, 70, 82, 119, 120

ㅇ
양명학 p. 150, 151
양웅 p. 128
양주 p. 17, 63, 96, 99, 100
《예기(禮記)》 p. 25, 26
예의 외재성 p. 89, 91, 92, 96
예치(禮治) p. 117
왕충 p. 157-160, 162
월인천강 p. 109, 111, 113, 115, 123
유아론 p. 50, 51, 121-123, 125, 135
이기론 p. 111
이일분수(理一分殊) p. 109
이토 진사이 p. 120
인성론 p. 92, 157, 159-165
인위 p. 91, 92, 162, 164
인정(仁政) p. 65, 66, 72, 74, 75, 92, 93, 117
일자성 p. 111

ㅈ
자비 p. 37
자율 p. 156-167
자율적 의지 p. 127
잠재성 p. 68, 70, 84, 85, 100, 101, 160
정약용 p. 20, 70, 120-136
정철 p. 152, 153
제후 p. 27, 28, 65
종법제도 p. 40
주돈이 p. 105
주례(周禮) p. 15-17, 19, 25, 35, 39, 41, 42, 46, 57, 142, 143
《주역》 p. 26, 116
《주자어류》 p. 101
주희 p. 20, 26, 70, 98-118, 120, 123-136, 150
《중용》 p. 26, 103, 120, 124
질료 p. 110

ㅊ
천하무도(天下無道) p. 24
초자아 p. 39, 46
측은지심 p. 67, 68, 72, 77-81, 89, 102, 117, 126, 127, 129, 136, 160, 168, 170, 171

ㅋ
칸트, 이마누엘 Kant, Immanuel p. 79, 170

ㅌ
태극 p. 105-115
〈태극도설(太極圖說)〉 p. 105, 106
통치자 p. 32, 33-37, 46, 72, 74

ㅍ
패자(覇者) p. 65
플라톤 Platon p. 43, 109, 110
피통치자 p. 32-37, 46

ㅎ
한비자 p. 29-31, 34, 97, 163
《한비자》 p. 31
호주제 p. 12-14, 150, 152, 154-156
〈훈민가〉 p. 152
흄, 데이비드 Hume, David p. 79

인류의 지성사를 이끌어온
100인의 지식인 마을 주민들